二十一世纪普通高等教育人才培养"十三五"系列规划教材
ERSHIYI SHIJI PUTONG GAODENG JIAOYU RENCAI PEIYANG SHISANWU XILIE GUIHUA JIAOCAI

中级财务会计技能实训（第二版）

主　编○李　焱　言　慧
副主编○温　莉　王林洲　王健胜　胡　伟

西南财经大学出版社
Southwestern University of Finance & Economics Press

图书在版编目(CIP)数据

中级财务会计技能实训/李焱等主编. —2 版. —成都:西南财经大学出版社,2017.1

ISBN 978 - 7 - 5504 - 2823 - 2

Ⅰ. ①中… Ⅱ. ①李… Ⅲ. ①财务会计—高等学校—教学参考资料 Ⅳ. ①F234.4

中国版本图书馆 CIP 数据核字(2017)第 002423 号

中级财务会计技能实训(第二版)

主　编:李　焱　言　慧

副主编:温　莉　王林洲　王健胜　胡　伟

责任编辑:李晓嵩

封面设计:何东琳设计工作室

责任印制:封俊川

出版发行	西南财经大学出版社(四川省成都市光华村街55号)
网　　址	http://www.bookcj.com
电子邮件	bookcj@ foxmail.com
邮政编码	610074
电　　话	028 - 87353785　87352368
印　　刷	郫县犀浦印刷厂
成品尺寸	185mm×260mm
印　　张	7.5
字　　数	170 千字
版　　次	2017 年 1 月第 2 版
印　　次	2017 年 1 月第 1 次印刷
印　　数	1— 3000 册
书　　号	ISBN 978 - 7 - 5504 - 2823 - 2
定　　价	19.80 元

前 言

自新的企业会计准则实施以来，财政部门紧跟会计工作的实际需要，对其中的一些准则进行了修改和完善。笔者结合自己在教学工作中的实际情况，在吸取他人优点和长处的基础之上，重新对《中级财务会计》教材的内容做了设计和编排，以满足"工学结合"和"项目教学"的要求。

为了让学生牢固掌握中级财务会计相关专业知识，笔者结合企业实际财务工作的要求，具有针对性地设计编写了实用、系统的《中级财务会计技能实训》（第二版）教材，本技能实训可以同《中级财务会计》（第二版）教材配套使用，也可以单独使用。针对每一个实训项目，本技能实训设计了实训目的、实训内容、实训要求三个部分，有利于学生明白每一个实训项目应该达到的目标及实训作用。通过系统的实训，有助于学生掌握中级财务会计的相关专业知识，为他们今后顺利地走上会计工作岗位做好会计工作奠定坚实的基础。

为了增强学生的自学能力，使学生明白会计业务实训正确与否，本技能实训对每一个实训项目都附有详细的计算过程及会计分录，有利于学生明白自己产生错误的环节和原因，从而发现自己在中级财务会计专业知识学习中存在的问题和不足之处，为今后改进学习方法和学习技巧指明了方向。

本技能实训适用于财经类高等院校在校学生、参加自学考试的财经类专业自考人员以及热爱会计工作的社会在职人员。

由于编者水平有限，本书中难免会存在一定错误，恳请读者提出批评和建议，我们将虚心接受读者的建议和批评。主编联系方式：liyan5903@ 126. com。

编 者
2017 年 1 月于广州

目　录

第一章　总论实训 ……………………………………………………… (1)

实训一　会计要素的确认 ………………………………………… (1)

实训二　会计假设的运用 ………………………………………… (1)

实训三　会计信息质量要求的运用 ……………………………… (2)

实训四　单项选择题 ……………………………………………… (3)

实训五　多项选择题 ……………………………………………… (4)

第二章　资金岗位核算实训 …………………………………………… (5)

实训一　其他货币资金业务核算 ………………………………… (5)

实训二　现金使用范围 …………………………………………… (6)

实训三　现金业务核算 …………………………………………… (6)

实训四　编制银行存款余额调节表 ……………………………… (7)

实训五　单项选择题 ……………………………………………… (8)

实训六　多项选择题 ……………………………………………… (9)

第三章　金融资产实训 ………………………………………………… (10)

实训一　金融资产的分类 ………………………………………… (10)

实训二　交易性金融资产的初始确认 …………………………… (10)

实训三　交易性金融资产（股票）业务核算 …………………… (11)

实训四　交易性金融资产（债券）业务核算 …………………… (12)

实训五　持有至到期投资（溢价购入）业务核算 ……………… (13)

实训六　持有至到期投资（折价购入）业务核算 ……………… (13)

实训七　应收票据业务核算 ……………………………………… (14)

实训八　商业汇票贴现核算（一）……………………………… (15)

实训九　商业汇票贴现核算（二）……………………………… (15)

实训十　坏账损失的核算 ……………………………………………………… (16)

实训十一　可供出售金融资产（债券）业务核算 ……………………………… (17)

实训十二　可供出售金融资产（股票）业务核算 ……………………………… (18)

实训十三　单项选择题 …………………………………………………………… (19)

实训十四　多项选择题 …………………………………………………………… (19)

第四章　存货及应付款项实训 …………………………………………………… (21)

实训一　存货初始计量 …………………………………………………………… (21)

实训二　存货购进的实际成本法核算 …………………………………………… (22)

实训三　存货购进的计划成本法核算 …………………………………………… (23)

实训四　存货的发出（实际成本法）业务核算 ………………………………… (23)

实训五　存货的发出（计划成本法）业务核算 ………………………………… (24)

实训六　存货期末计量 …………………………………………………………… (25)

实训七　单项选择题 ……………………………………………………………… (26)

实训八　多项选择题 ……………………………………………………………… (27)

第五章　长期股权投资实训 ……………………………………………………… (28)

实训一　长期股权投资的初始计量 ……………………………………………… (28)

实训二　权益法下长期股权投资的业务核算 …………………………………… (28)

实训三　成本法下长期股权投资的业务核算 …………………………………… (29)

实训四　单项选择题 ……………………………………………………………… (30)

实训五　多项选择题 ……………………………………………………………… (30)

第六章　固定资产实训 …………………………………………………………… (32)

实训一　固定资产的确认与分类 ………………………………………………… (32)

实训二　自营工程的核算 ………………………………………………………… (32)

实训三　出包工程的核算 ………………………………………………………… (33)

实训四　外购固定资产的核算 …………………………………………………… (34)

实训五　固定资产的折旧范围实训 ……………………………………………（35）

实训六　固定资产折旧的实训 …………………………………………………（36）

实训七　固定资产日常维护的核算 ……………………………………………（37）

实训八　固定资产改扩建的核算 ………………………………………………（38）

实训九　处置固定资产的业务核算 ……………………………………………（38）

实训十　固定资产清查的业务核算 ……………………………………………（39）

实训十一　单项选择题 …………………………………………………………（40）

实训十二　多项选择题 …………………………………………………………（41）

第七章　无形资产实训 ……………………………………………………………（42）

实训一　无形资产的确认 ………………………………………………………（42）

实训二　无形资产的初始计量 …………………………………………………（42）

实训三　无形资产的后续计量 …………………………………………………（43）

实训四　处置无形资产的业务核算 ……………………………………………（44）

第八章　借款费用实训 ……………………………………………………………（45）

实训一　借款费用资本化（专门借款）实训 …………………………………（45）

实训二　借款费用资本化（一般借款）实训 …………………………………（46）

实训三　多项选择题 ……………………………………………………………（47）

第九章　负债实训 …………………………………………………………………（48）

实训一　应付债券溢价发行实训 ………………………………………………（48）

实训二　应付债券折价发行实训 ………………………………………………（49）

实训三　应付债券平价发行实训 ………………………………………………（50）

实训四　应付职工薪酬的实训 …………………………………………………（50）

实训五　应交税费的实训 ………………………………………………………（56）

实训六　单项选择题 ……………………………………………………………（57）

实训七　多项选择题 ……………………………………………………………（58）

第十章　收入、费用、利润实训 ·· （60）

实训一　应交企业所得税实训 ·· （60）

实训二　分期收款销售实训 ·· （60）

实训三　委托代销商品（视同买断）销售实训 ································ （62）

实训四　委托代销商品（收取手续费）销售实训 ···························· （62）

实训五　销售退回实训 ·· （63）

实训六　劳务收入实训（一） ·· （64）

实训七　劳务收入实训（二） ·· （65）

第十一章　所有者权益实训 ·· （66）

实训一　实收资本（股本）增加实训（一） ································ （66）

实训二　实收资本（股本）增加实训（二） ································ （67）

实训三　利润分配实训 ·· （67）

第十二章　财务报告实训 ·· （69）

中级财务会计技能实训答案 ·· （77）

第一章 总论实训

实训一 会计要素的确认

一、【实训目的】

通过本次实训，掌握并理解会计要素的确认条件。

二、【实训内容】

某企业在会计核算中存在以下事项：

（1）企业对以融资租赁方式租入的生产机器设备和以经营租赁方式租入的卡车在租赁开始日都作为固定资产的增加。

（2）由于与购货方已合作多年，企业在明知购货方目前经济困难，无力支付货款的情况下，决定继续将产品销售给对方，同时确认当期收入。

（3）企业将收到职工的迟到罚款确认为当期收入。

（4）企业将对地震灾区的捐款确认为期间费用。

（5）企业将收到的职工工作服押金确认为负债。

三、【实训要求】

请分析企业的上述事项处理是否正确？为什么？

实训二 会计假设的运用

一、【实训目的】

通过本次实训，理解并运用会计基本假设。

二、【实训内容】

某企业属于大型生产企业，共有 5 个产品生产车间和 2 个辅助生产车间，各车间符合独立会计核算要求，同时各车间也相互提供产品或服务并进行相应会计核算。因此，有的人说该企业的每个生产车间都可以同时作为法律主体和会计主体。有的人说企业是一个法律主体，也是一个会计主体，但每个车间只能是会计主体，不能是法律主体。

三、【实训要求】

根据上述资料，判断上述说法是否正确。

实训三　会计信息质量要求的运用

一、【实训目的】

通过本次实训，理解并运用会计信息质量要求。

二、【实训内容】

某企业在会计核算中，存在以下事项：

（1）对企业的无形资产和固定资产均计提减值准备。

（2）对存货期末计价采用成本与可变现净值孰低法。

（3）对应收款项按应收账款余额百分比法计提坏账准备。

（4）对于企业发生的某项支出，金额较小的，虽从支出收益期看可在若干个会计期间进行分摊，但企业将其一次性计入当期损益。

（5）企业对以融资租赁方式租入的生产机器设备和以经营租赁方式租入的卡车这两项固定资产在租赁期内每月均计提折旧。

三、【实训要求】

（1）请分析企业的上述事项处理是否正确。

（2）分析资料中的各事项分别符合还是违反了会计信息质量要求中的哪条规定？为什么？

实训四 单项选择题

1. 体现了会计核算空间范围的会计假设是（ ）。
    A. 持续经营　　　　　　　　　　B. 会计分期
    C. 货币计量　　　　　　　　　　D. 会计主体
2. 由于（ ）假设，产生了权责发生制和收付实现制会计处理基础。
    A. 持续经营　　　　　　　　　　B. 会计分期
    C. 货币计量　　　　　　　　　　D. 会计主体
3. 由于（ ）假设，才能够对固定资产分期计提折旧和对有关长期待摊费用进行分期摊销。
    A. 持续经营　　　　　　　　　　B. 会计分期
    C. 货币计量　　　　　　　　　　D. 会计主体
4. 货币计量假设的最重要作用是（ ）。
    A. 便于进行会计核算
    B. 便于不同企业之间提供的会计信息相互可比
    C. 便于政府监督企业
    D. 便于企业管理
5. 公司的工会派人到医院看望公司生病的员工，在账簿中没有反映出来，体现了（ ）原则。
    A. 可靠性原则　　　　　　　　　B. 重要原则
    C. 可比性原则　　　　　　　　　D. 及时性原则
6. 下列（ ）行为可以确认为公司的资产。
    A. 公司以经营方式租入的厂房　　B. 公司以融资方式租入的设备
    C. 购买货物尚未支付的货款　　　D. 尚未缴纳的上期增值税
7. 公司将 8 月销售的一批货物没有在当期确认收入，而是放在 10 月确认销售收入，违背了（ ）原则。
    A. 重要性原则　　　　　　　　　B. 及时性原则
    C. 可靠性原则　　　　　　　　　D. 实质重于形式原则
8. 下列（ ）行为可以确认为收入。
    A. 享受现金折扣　　　　　　　　B. 销售产品
    C. 按季取得银行存款利息收入　　D. 接受其他企业捐赠
9. 企业的销售收入会导致企业（ ）。
    A. 负债的减少　　　　　　　　　B. 资产的减少
    C. 所有者权益的增加　　　　　　D. 资本公积的增加

实训五　多项选择题

1. 会计的四大假设是（　　　）。
    A. 持续经营　　　　　　　　　　B. 会计分期
    C. 货币计量　　　　　　　　　　D. 会计主体
    E. 收付实现制　　　　　　　　　F. 谨慎性原则

2. 下列（　　　）体现了谨慎性原则。
    A. 在物价上涨的情况下，存货成本结转采用后进先出法
    B. 存货成本结转采用先进先出法
    C. 对应收账款计提减值准备
    D. 对存货计提减值准备

3. 企业的一项销售行为能够导致（　　　）。
    A. 资产的增加　　　　　　　　　B. 所有者权益的减少
    C. 负债的增加　　　　　　　　　D. 所有者权益的增加

4. 企业的一项赊购行为能够导致（　　　）。
    A. 资产的增加　　　　　　　　　B. 负债的增加
    C. 资产的不变　　　　　　　　　D. 负债的减少

第二章　资金岗位核算实训

实训一　其他货币资金业务核算

一、【实训目的】

（1）通过本次实训，掌握其他货币资金的核算内容。

（2）通过本次实训，掌握其他货币资金业务的会计处理。

二、【实训内容】

某公司 2016 年 8 月发生如下经济业务：

（1）委托银行开出 50 000 元银行汇票用于采购。采购 A 材料价款合计 42 000 元，取得了增值税普通发票，增值税税率为 17%。材料已验收入库，多余款项已经退回。

（2）汇款 80 000 元到外地设立采购专户。采购结束，收到供货单位开具的增值税专用发票，发票上列明不含税价款为 60 000 元，增值税税率为 17%，所购 B 材料已到货并验收入库。采购专户同时结清。

（3）向某证券公司划款 20 万元，委托其代购 B 公司即将发行的股票。

（4）委托银行开出银行汇票 50 万元向甲公司采购 C 材料。当日，材料运到并验收入库，增值税专用发票列示 C 材料不含税价款为 40 万元，增值税税率为 17%。汇票余款尚未结清。

（5）将款项交存银行，开立银行本票，金额为 150 000 元。

（6）用银行本票结算材料货款，增值税专用发票注明价款为 100 000 元，增值税专用发票上列示增值税为 17 000 元，共计 117 000 元。汇票余款已结清。

三、【实训要求】

根据上述业务编制相关会计分录。

实训二　现金使用范围

一、【实训目的】

通过本次实训，掌握现金使用范围。

二、【实训内容】

某企业在 2016 年 7 月发生下列现金支付业务：
（1）支付销售部职工张添差旅费 3 000 元。
（2）支付银行承兑汇票手续费 1 000 元。
（3）支付李明困难补助 800 元。
（4）支付购置设备款 6 000 元。
（5）支付采购材料款 10 000 元。
（6）支付采购农副产品 1 800 元。
（7）支付职工高温津贴 35 000 元。

三、【实训要求】

根据上述资料，逐项判断是否符合现金开支范围的有关规定。

实训三　现金业务核算

一、【实训目的】

通过本次实训，掌握现金业务的会计处理。

二、【实训内容】

某企业在 2016 年 8 月发生下列现金支付业务：
（1）8 月 6 日，从银行提取现金 90 000 元，以备发放本月工资。
（2）8 月 7 日，以银行存款支付生产车间业务招待费 800 元。
（3）8 月 9 日，以现金发放职工上个月的工资 90 000 元。
（4）8 月 12 日，销售部张兰出差预借差旅费 900 元，以现金支付。

（5）8月14日，公司以现金方式收到零星销售款2 340元（增值税税率为17%）。

（6）8月18日，销售部职工李宏出差预借差旅费1 000元，以现金支付。李宏出差回来后报销费用850元，并交来余款150元。

（7）8月23日，以现金支付公司管理部门第四季度的报纸杂志费600元。

（8）8月31日，库存现金清查中发现短缺20元，清查核实后仍无法查明原因，责成出纳人员李明赔偿。

三、【实训要求】

根据上述业务编制相关会计分录。

实训四 编制银行存款余额调节表

一、【实训目的】

（1）通过本次实训，理解未达账项的含义。

（2）通过本次实训，掌握银行存款余额调节表的编制。

二、【实训内容】

某企业2016年8月31日银行存款日记账余额为362 500元，而银行对账单余额为368 200元。经与银行对账，该企业发现有以下几笔未达账项：

（1）销售产品，收到货款5 000元，支票已送存银行，银行尚未记账。

（2）用银行存款支付广告费10 000元，转账支票已开出，银行尚未记账。

（3）本月水电费2 800元，银行已划出，企业尚未记账。

（4）环宇公司偿付前欠货款3 500元，银行已收入企业账户，企业尚未记账。

三、【实训要求】

根据以上资料编制企业银行存款余额调节表，并加以分析说明。

实训五　单项选择题

1. 银行存款余额表（　　　）。

　　A. 可以作为付款的原始凭证

　　B. 可以作为收款的原始凭证

　　C. 不可以作为原始凭证

　　D. 可以根据银行存款余额表编制记账凭证。

2. 信用卡存款放在（　　　）科目中进行核算。

　　A. "银行存款"　　　　　　　　　　B. "其他货币资金"

　　C. "库存现金"　　　　　　　　　　D. "预付账款"

3. 企业库存现金的最高限额一般为（　　　）零星日常开支。

　　A. 12 天　　　　　　　　　　　　B. 3 至 5 天

　　C. 15 天　　　　　　　　　　　　D. 16 天

4. 银行汇票提示付款期限自出票日起最长不得超过（　　　）个月。

　　A. 1 个月　　　　　　　　　　　　B. 2 个月

　　C. 3 个月　　　　　　　　　　　　D. 4 个月

5. 企业向银行申请开具银行汇款或银行本票所支付的手续费记入（　　　）账户中。

　　A. "管理费用"　　　　　　　　　　B. "销售费用"

　　C. "制造费用"　　　　　　　　　　D. "财务费用"

6. 销售部张三出差回来报销的差旅费记入（　　　）科目中。

　　A. "财务费用"　　　　　　　　　　B. "销售费用"

　　C. "管理费用"　　　　　　　　　　D. "制造费用"

7. 公司现金盘盈后，在批准处理前，贷方首先记入（　　　）科目中。

　　A. "营业外收入"　　　　　　　　　B. "待处理财产损溢"

　　C. "管理费用"　　　　　　　　　　D. "其他业务收入"

8. 企业申请办理的银行本票先放在（　　　）科目中进行会计处理。

　　A. "银行存款"　　　　　　　　　　B. "其他货币资金"

　　C. "预付账款"　　　　　　　　　　D. "应收账款"

9. 无法查明原因的现金盘亏可以放在（　　　）科目中进行处理。

A. "营业外支出" B. "管理费用"

C. "财务费用" D. "销售费用"

10. 因采购业务的需要，汇款到异地放在采购专户的资金，应在（　　）科目中进行会计核算。

A. "银行存款" B. "应收票据"

C. "应收账款" D. "其他货币资金"

实训六　多项选择题

1. 下列（　　）银行结算方式需要通过"其他货币资金"科目进行核算。

A. 银行本票 B. 银行汇票

C. 商业汇票 D. 外埠存款

2. 银行结算账户可以分为（　　）。

A. 基本存款账户 B. 一般存款账户

C. 专用存款账户 D. 临时存款账户

3. 下列各项中，（　　）不通过"其他货币资金"科目进行核算。

A. 信用卡存款 B. 信用证存款

C. 商业承兑汇票 D. 银行承兑汇票

4. 可以用于异地结算的方式有（　　）。

A. 银行本票 B. 银行汇票

C. 汇兑 D. 商业票据

第三章 金融资产实训

实训一 金融资产的分类

一、【实训目的】

通过本次实训，掌握金融资产的含义及其分类。

二、【实训内容】

某企业在 2016 年 7 月发生下列投资业务，并已记入"持有至到期投资"科目中：

（1）1 日，购入 2016 年 1 月 1 日发行的 5 年期债券，企业准备持有一年后出售。

（2）1 日，购入当天发行的 1 年期债券，企业决定并有能力将债券持有至到期。

（3）15 日，购入 2016 年 1 月 1 日发行的 3 年期债券，企业准备持有两年后出售。

（4）20 日，购入某上市公司股票 1 000 股，企业准备在近期内出售。

三、【实训要求】

根据上述资料，逐项判断是否符合金融资产分类的有关规定。

实训二 交易性金融资产的初始确认

一、【实训目的】

通过本次实训，掌握交易性金融资产的初始确认及其会计处理。

二、【实训内容】

某公司认购 C 公司普通股股票 1 000 股，每股面值 10 元，实际买价为每股 11 元，其中包含已宣告发放但尚未领取的现金股利 500 元，另外支付相关费用 100 元，公司将该批股票作为交易性金融资产核算和管理。

三、【实训要求】

（1）根据上述资料，计算该项投资的初始成本。

（2）根据上述资料，编制相关会计分录。

实训三　交易性金融资产（股票）业务核算

一、【实训目的】

（1）通过本次实训，掌握交易性金融资产的初始确认及其会计处理。

（2）通过本次实训，掌握交易性金融资产的持有期间收益确认及其会计处理。

（3）通过本次实训，掌握交易性金融资产的期末计量。

（4）通过本次实训，掌握处置交易性金融资产的业务处理。

二、【实训内容】

2015年5月11日，甲企业购入10万股股票，每股市价10元，甲企业将其划分为交易性金融资产。取得时甲企业实际支付价款106万元（包含已宣告发放的现金股利5万元、交易费用1万元）。2015年5月16日，甲企业收到最初支付价款中包含的现金股利5万元。2015年12月31日，该股票公允价值为112万元。2016年3月6日，甲企业收到现金股利3万元。2015年5月8日，甲企业将该股票处置，售价120万元，不考虑其他费用。

三、【实训要求】

（1）根据上述资料，编制相关会计分录。

（2）根据上述资料，计算该项投资的投资收益总额。

实训四　交易性金融资产（债券）业务核算

一、【实训目的】

（1）通过本次实训，掌握交易性金融资产的初始确认及其会计处理。

（2）通过本次实训，掌握交易性金融资产的持有期间收益确认及其会计处理。

（3）通过本次实训，掌握交易性金融资产的期末计量。

（4）通过本次实训，掌握交易性金融资产账面价值的计算。

（5）通过本次实训，掌握处置交易性金融资产的业务处理。

二、【实训内容】

2015 年 7 月 1 日，乙公司购入面值为 100 万元、年利率为 4%的 A 债券，取得时的价款为 102 万元（含已到付息期但尚未领取的利息 2 万元），另支付交易费用 0.5 万元。乙公司将该项金融资产划分为交易性金融资产。2015 年 12 月 31 日，A 债券的公允价值为 106 万元。2016 年 1 月 5 日，乙公司收到 A 债券 2015 年度的利息 4 万元。2016 年 2 月 3 日，乙公司出售 A 债券，售价为 108 万元。

三、【实训要求】

（1）根据上述资料，编制相关会计分录。

（2）计算 2015 年 12 月 31 日该项投资的账面价值。

实训五　持有至到期投资（溢价购入）业务核算

一、【实训目的】

（1）通过本次实训，掌握持有至到期投资的初始确认及其会计处理。

（2）通过本次实训，掌握持有至到期投资的持有期间收益确认及其会计处理。

（3）通过本次实训，掌握持有至到期投资到期时的业务处理。

二、【实训内容】

2014 年 1 月 1 日，乙公司用 3 083.265 万元购入一批期限为 3 年的一次到期还本付息的公司债券。该债券票面年利率为 5%，实际利率为 4%，面值为 3 000 万元。乙公司将其确认为持有至到期投资。

三、【实训要求】

根据上述资料，编制该项持有至到期投资从投资时至到期日的相关会计分录。

实训六　持有至到期投资（折价购入）业务核算

一、【实训目的】

（1）通过本次实训，掌握持有至到期投资的初始确认及其会计处理。

（2）通过本次实训，掌握持有至到期投资的持有期间收益确认及其会计处理。

（3）通过本次实训，掌握持有至到期投资出售时的业务处理。

二、【实训内容】

2011 年 1 月 1 日，甲公司支付价款 11 000.29 元从活跃市场上购入某公司 5 年期债券，面值为 12 500 元，票面利率为 5%，按年支付利息，通过计算，该债券实际利率为 8%。乙公司将其确认为持有至到期投资。

三、【实训要求】

根据上述资料，编制该项持有至到期投资从投资时至出售时的相关会计分录。

实训七　应收票据业务核算

一、【实训目的】

（1）通过本次实训，掌握商业汇票到期日的确认和到期值的计算。
（2）通过本次实训，掌握取得商业汇票的会计处理。
（3）通过本次实训，掌握商业汇票到期时的会计处理。

二、【实训内容】

广州 A 公司 2016 年 2 月 28 日销售产品一批给广州 B 公司，不含税售价为 10 000 元，增值税为 1 700 元，收到广州 B 公司一张期限为 6 个月、年利率为 9%、面值为 11 700 元的商业承兑汇票。票据到期时，广州 A 公司收到广州 B 公司承兑的款项并存入银行。

三、【实训要求】

（1）根据资料，确定该票据的到期日、到期值。
（2）编制商业汇票取得时和到期时的会计分录。

实训八　商业汇票贴现核算（一）

一、【实训目的】

（1）通过本次实训，掌握商业汇票到期日和贴现日的确认。

（2）通过本次实训，掌握到期值、贴现息、贴现净额的计算。

（3）通过本次实训，掌握商业汇票贴现的相关会计处理。

二、【实训内容】

广州甲公司于 2016 年 12 月 1 日因销售商品给广州乙公司，取得一张面值为 20 000元、期限为 3 个月、票面利率为 3%的商业承兑汇票。广州甲公司持有该商业承兑汇票 2 个月后向银行申请贴现，贴现率为 6%。该票据到期后，承兑方如期承兑。增值税税率为 17%。

三、【实训要求】

（1）根据资料，计算贴现净额。

（2）根据资料，编制相关会计分录。

实训九　商业汇票贴现核算（二）

一、【实训目的】

（1）通过本次实训，掌握商业汇票到期日的确认和到期值的计算。

（2）通过本次实训，掌握取得商业汇票的会计处理。

（3）通过本次实训，掌握商业汇票到期时的会计处理。

二、【实训内容】

广州甲公司于 2016 年 12 月 1 日销售商品给上海乙公司。上海乙公司于 2016 年 12 月 2 日向广州甲公司开具了一张面值为 20 000 元的商业票据。该商票据的到期日为 2017 年 4 月 16 日，票面利率为 3%。广州甲公司于 2016 年 12 月 16 日向银行申请贴现，贴现率为 6%。该票据到期后，承兑方如期承兑。增值税税率为 17%。

三、【实训要求】

（1）根据资料，计算到期值、贴现息、贴现净额。

（2）根据资料，编制相关会计分录。

实训十　坏账损失的核算

一、【实训目的】

（1）通过本次实训，掌握计提坏账准备的会计处理。

（2）通过本次实训，掌握坏账损失的核算。

二、【实训内容】

2016 年 1 月 1 日，甲企业应收账款余额为 3 000 000 元，坏账准备贷方余额为 15 000 元。

2016 年度，甲企业发生了如下相关业务：

（1）销售商品一批，增值税专用发票上注明的价款为 5 000 000 元，增值税税额为 850 000 元，货款尚未收到。

（2）因某客户破产，该客户所欠货款 10 000 元不能收回，确认为坏账损失。

（3）收回上年度已转销为坏账损失的应收账款 8 000 元并存入银行。

（4）收到某客户以前所欠的货款 400 000 元并存入银行。

（5）2016 年 12 月 31 日，甲公司对应收账款进行减值测试，确定按 0.5% 的比例计提坏账准备。

三、【实训要求】

（1）根据上述资料（1）~（4）编制相关的会计分录。

（2）根据上述资料计算甲公司 2016 年年末应计提的坏账准备，并编制计提坏账准备的会计分录。

实训十一 可供出售金融资产(债券)业务核算

一、【实训目的】

(1) 通过本次实训,掌握可供出售金融资产的初始确认及其会计处理。

(2) 通过本次实训,掌握可供出售金融资产的持有期间收益确认及其会计处理。

(3) 通过本次实训,掌握可供出售金融资产出售时的业务处理。

二、【实训内容】

2012 年 1 月 1 日甲公司支付价款 115.520 5 万元购入同日发行的面值为 125 万元、票面利率为 8%、每年付息一次、到期还本的 5 年期 B 公司债券。债券的实际利率为 10%。甲公司没有意图将该债券持有至到期,划分为可供出售金融资产。2013 年 1 月 1 日,甲公司将该债券全部出售,取得价款 122 万元。

三、【实训要求】

根据上述资料,编制该项投资从投资时至出售时的相关会计分录。

实训十二　可供出售金融资产（股票）业务核算

一、【实训目的】

（1）通过本次实训，掌握可供出售金融资产的初始确认及其会计处理。

（2）通过本次实训，掌握可供出售金融资产的持有期间收益确认及其会计处理。

（3）通过本次实训，掌握可供出售金融资产的期末计量。

（4）通过本次实训，掌握可供出售金融资产出售时的业务处理。

二、【实训内容】

甲公司于 2014 年 12 月 3 日以 200 万元从证券市场上购入乙公司发行的股票，并划分为可供出售金融资产。该股票当年年末的公允价值为 206 万元。2015 年 12 月 31 日，该股票的公允价值为 192 万元，由于乙公司盈利能力下降，股价持续下跌，根据测算，其价值为 160 万元。2016 年 3 月 26 日，甲公司出售该股票，取得净收入 190 万元。

三、【实训要求】

根据上述资料，编制该项投资从投资时至出售时的相关会计分录。

实训十三　单项选择题

1. 企业取得交易性金融资产时，所支付的手续费等交易性费用，应当记入（　　）会计科目中。
    A. "交易性金融资产"　　　　　　B. "投资收益"
    C. "财务费用"　　　　　　　　　D. "营业外支出"

2. 企业取得持有至到期投资时，所支付的手续费等交易性费用，应当记入（　　）会计科目中。
    A. "投资收益"　　　　　　　　　B. "资本公积"
    C. "财务费用"　　　　　　　　　D. "持有至到期投资"

3. 在持有交易性金融资产期间，发生的价值增减变动，应当通过（　　）会计科目核算。
    A. "公允价值变动损益"　　　　　B. "资本公积"
    C. "投资收益"　　　　　　　　　D. "本年利润"

4. 在持有可供出售金融资产期间，发生的价值增减变动，应当通过（　　）会计科目核算。
    A. "公允价值变动损益"　　　　　B. "资本公积"
    C. "投资收益"　　　　　　　　　D. "本年利润"

5. 计提坏账准备时，借方应当记入（　　）会计科目中。
    A. "管理费用"　　　　　　　　　B. "资产减值损失"
    C. "坏账准备"　　　　　　　　　D. "投资收益"

6. 企业将持有的商业票据进行贴现，所支付的贴现息应当记入（　　）会计科目中。
    A. "管理费用"　　　　　　　　　B. "营业外支出"
    C. "制造费用"　　　　　　　　　D. "财务费用"

7. 预收账款在不经常发生的情况下，企业收到的预收账款可以通过（　　）会计科目进行核算。
    A. "应付账款"　　　　　　　　　B. "预付账款"
    C. "应收账款"　　　　　　　　　D. "应付票据"

实训十四　多项选择题

1. 企业在年末可以根据（　　）账户的期末余额计提坏账准备。
    A. "应收票据"　　　　　　　　　B. "预收账款"
    C. "应收账款"　　　　　　　　　D. "其他应收账"

2. 下列（　　）具有共同点，即将取得时所发生手续费等交易费用计入其取得成本中。

    A. 交易性金融资产   B. 可供出售金融资产

    C. 持有至到期投资   D. 长期股权投资

3. （　　）只能在"应收票据"会计科目中进行核算。

    A. 商业承兑汇票   B. 银行汇票

    C. 银行承兑汇票   D. 银行本票

4. "坏账准备"科目借方反映的是（　　）。

    A. 发生的坏账损失   B. 冲回前期多计提的坏账准备金额

    C. 计提的本期坏账准备金额   D. 补提的前期少计提坏账准备金额

第四章 存货及应付款项实训

实训一 存货初始计量

一、【实训目的】

（1）通过本次实训，掌握存货的确认条件及存货的分类。

（2）通过本次实训，掌握存货的初始计量。

二、【实训内容】

某企业是增值税一般纳税人，其增值税税率为17%，2016年9月发生以下有关存货的业务：

（1）9月3日购入A材料1 000千克，收到的增值税专用发票上注明的不含税单价为每千克100元，增值税为17 000元，款项已通过银行转账支付，并用现金支付运杂费2 000元，没有取得增值税专用发票，材料已验收入库。

（2）9月10日发出一批商品价值100 000元（不含税），采用收取手续费方式委托外单位销售。

（3）9月15日购入B材料500千克，收到的增值税专用发票上注明的单价为每千克不含税成本为200元，增值税为17 000元，款项已通过银行转账支付，材料尚未验收入库。期初存货余额是20万元。

三、【实训要求】

（1）根据资料，分析本月该企业存货是否发生减少？是否发生增加？

（2）根据资料，计算本月增加的存货金额和期末存货余额。

实训二　存货购进的实际成本法核算

一、【实训目的】

通过本次实训，掌握存货购进在实际成本法下的具体会计处理。

二、【实训内容】

某企业 2016 年 3 月发生以下经济业务：

（1）3 月 1 日向银行存入 300 000 元办理外埠存款。

（2）3 月 4 日从外地购进 A 材料，取得增值税专用发票，发票上注明不含税价款为 250 000 元，增值税为 42 500 元。支付外地运费 5 000 元（不含增值税），取得了增值税专用发票。材料已验收入库。该企业用其办理的外埠存款支付所有款项。

（3）3 月 6 日收到银行的收款通知，已收回外埠存款的余款。

（4）3 月 12 日购入 B 材料 1 000 千克，收到的增值税专用发票上注明的不含税单价为每千克 100 元，增值税为 17 000 元，另发生运输费用 3 000 元（含增值税），取得了增值税专用发票，增值税税率为 11%。原材料运抵企业后，验收入库原材料为 998 千克，运输途中发生合理损耗 2 千克。款项未付。

（5）3 月 23 日从外地购进 C 材料，材料已验收入库，月末发票账单尚未收到也无法确定其实际成本，暂估价值 33 000 元。4 月 13 日结算凭证到达，不含税的价款为 30 000 元，增值税专用发票上的税款为 5 100 元，货款以银行存款支付。

（6）3 月 24 日购进一批货物，取得增值税普通发票一张，增值税税率为 17%，不含税的材料买价为 100 000 元，增值税为 17 000 元，款项已经通过银行支付。材料已经验收入库。

（7）3 月 25 日从某一小规模纳税人购进某种货物一批，取得了国税机关代开的增值税发票一张，价款共计 6 000 元，材料已经验收入库，款项已经通过银行支付。

三、【实训要求】

根据上述资料，编制相关会计分录。

实训三　存货购进的计划成本法核算

一、【实训目的】

通过本次实训，掌握计划成本法下存货购进的会计处理。

二、【实训内容】

A企业为增值税一般纳税人，增值税税率为17%，原材料按计划成本核算。2016年9月A企业发生了以下经济业务：

（1）9月6日购入甲材料1 000千克，增值税专用发票注明的材料价款为70 400元，增值税税额为11 968元，企业验收入库时实收980千克，短少的20千克为运输途中定额消耗。材料验收入库，款项未付。甲材料计划单位成本为每千克70元。

（2）9月8日购进乙材料1 000千克，每千克不含税的买价为80元，增值税税率为17%，取得了增值税专用发票，每千克的计划成本为72元。材料已经验收入库，于同时开出了一张为期3个月的商业承兑汇票支付货款。

三、【实训要求】

根据上述资料，编制相关会计分录。

实训四　存货的发出（实际成本法）业务核算

一、【实训目的】

通过本次实训，掌握实际成本法下发出存货的成本计算及会计处理。

二、【实训内容】

某公司2016年1月库存A商品明细账部分记录如表4-1所示。

表 4-1　　　　　　　　某公司 2016 年 1 月库存 A 商品明细账（部分）

2014 年		凭证编号	摘要	收入		发出		结存	
月	日			数量（千克）	单价（元）	数量（千克）	单价（元）	数量（千克）	单价（元）
1	1	略	期初余额					500	12
	5		购入	800	14			1 300	
	12		发出			900		400	
	15		发出			200		200	
	28		购入	600	17			800	
	29		发出			300		500	

三、【实训要求】

分别采用先进先出法、月末一次加权平均法和移动加权平均法计算本期发出 A 商品的金额和期末库存 A 商品的金额（列出计算过程，分配率计算保留四位小数）。

实训五　存货的发出（计划成本法）业务核算

一、【实训目的】

通过本次实训，掌握计划成本法下发出存货的成本计算及会计处理。

二、【实训内容】

甲企业购入 A 材料，2014 年 10 月 1 日有关账户的期初余额如下：

（1）原材料账户：A 材料 2 000 千克，计划单价 10 元，金额 20 000 元。

（2）材料成本差异账户（贷方余额）：800 元。

（3）该企业 10 月份发生下列有关经济业务：

①1 日银行转来乙公司的托收凭证，金额为 19 710 元，内附增值税专用发票一张，开列 A 材料 1 500 千克，每千克不含税的价格为 11 元，货款计 16 500 元，增值税为 2 805元；运费发票一张，不含税金额为 405 元，取得了增值税专用发票，增值税税率为 11%。次日，仓库转来收料单，1 日购入的 A 材料已到并验收入库，予以转账。

②6 日向丙企业赊购 A 材料 3 000 千克，金额为 32 090 元，取得了增值税专用发票，不含税货款计 27 000 元，增值税为 4 590 元，运费（含税）为 500 元，取得了增值税普通发票。款项没有支付。

③15 日银行转来丙企业有关托收凭证，金额为 28 080 元，内附增值税专用发票一张，开列 A 材料 2 000 千克，不含税货款为 24 000 元，增值税为 4 080 元，运杂费由对方承付，经审核无误，予以支付。材料还没有入库。

④18 日仓库转来通知，14 日从丙企业发来的 A 材料到达，并准备验收入库，入库盘点时发现短缺 200 千克，其中 50 千克属于正常损耗，150 千克由运输单位负责（假设该材料市价与成本价相同）。

⑤本月共发出 A 材料 5 200 千克，全部用于生产产品领用。

三、【实训要求】

（1）根据上述资料，进行有关会计处理。

（2）计算材料成本差异率（材料成本差异率计算保留四位小数）。

（3）将本月发出的材料计划成本调整为实际成本，并编制相关的会计分录（计算结果四舍五入，保留两位小数）。

实训六　存货期末计量

一、【实训目的】

通过本次实训，掌握存货期末计量的会计处理。

二、【实训内容】

某企业 2013 年年初甲存货的跌价准备为零，2013 年年末甲存货的实际成本为 80 000 元，可变现净值为 77 000 元。假设其后各年甲存货的成本没变，可变现净值分别为：2014 年年末，可变现净值为 73 000 元；2015 年年末，可变现净值为 77 500 元；2016 年年末，可变现净值为 81 000 元。

三、【实训要求】

根据上述资料，计算各年应提取或应冲减的存货跌价准备并编制相关的会计分录。

实训七 单项选择题

1. 在物价持续下降的情况下，采用（　　）结转的存货成本最低。
　　A. 先进先出法　　　　　　　　　　B. 后进先出法
　　C. 加权平均法　　　　　　　　　　D. 个别计价法
2. 采用（　　）结转存货成本体现了谨慎性原则。
　　A. 先进先出法　　　　　　　　　　B. 后进先出法
　　C. 加权平均法　　　　　　　　　　D. 个别计价法
3. 对于企业管理不善造成的盘亏，无法查明原因，应当由企业来承担，记入（　　）会计科目中。
　　A."管理费用"　　　　　　　　　　B."营业外支出"
　　C."销售费用"　　　　　　　　　　D."主营业务成本"
4. 下列（　　）发生的费用应当记入"营业外支出"会计科目中。
　　A. 管理不善所造成的盘亏　　　　　B. 在运输途中发生的定额内损耗
　　C. 人为原因造成的盘亏　　　　　　D. 自然灾害原因造成的盘亏
5. 下列发生的（　　）费用一般不计入存货成本。
　　A. 购进过程中发生的定额内损耗　　B. 购进过程中发生的货物运费
　　C. 购进过程中所支付的增值税　　　D. 入库前发生的挑选整理费用
6. 计提存货跌价准备，在一般情况下，其借方应记入（　　）会计科目中。
　　A."营业外支出"　　　　　　　　　B."管理费用"
　　C."资产减值损失"　　　　　　　　D."其他业务成本"

7. 某公司为增值税一般纳税人，于 2014 年 8 月 15 日购入材料一批，取得了增值税普通发票一张，其不含税买价为 50 000 元，增值税税额为 8 500 元，发生运输费用 3 000 元（不含增值税），取得了增值税专用发票，该项货物的入账成本为（　　）元。

    A. 53 000　　　　　　　　　　　B. 61 500

    C. 52 790　　　　　　　　　　　D. 61 290

8. 某企业对原材料采用计划成本进行会计核算，对于月底材料已到，但发票账单还没有到达的货物，其借方金额应通过（　　）会计科目进行处理。

    A. "原材料"　　　　　　　　　　B. "材料采购"

    C. "应收账款"　　　　　　　　　　D. "在途物资"

实训八　多项选择题

1. 下列各项中，属于存货的有（　　）。

    A. 委托加工物资　　　　　　　　B. 委托代销商品

    C. 生产成本　　　　　　　　　　D. 原材料

2. 可以计入存货成本的费用有（　　）。

    A. 合理的途中损耗

    B. 入库前的挑选整理费

    C. 购进货物取得增值税普通发票时所支付的进项税额

    D. 购进货物取得增值税专用发票时所支付的进项税额

3. 在采用计划成本核算时，涉及的会计科目有（　　）。

    A. "在途物资"　　　　　　　　　B. "原材料"

    C. "材料采购"　　　　　　　　　D. "材料成本差异"

4. 在采用实际成本核算的方法下，存货的结转方法有（　　）。

    A. 材料成本差异率　　　　　　　B. 先进先出法

    C. 加权平均法　　　　　　　　　D. 个别计价法

5. 材料成本差异账户的贷方表示（　　）。

    A. 购进货物时产生的节约额　　　B. 结转的材料成本差异超支额

    C. 购进货物时产生的超支额　　　D. 结转的材料成本差异节约额

第五章　长期股权投资实训

实训一　长期股权投资的初始计量

一、【实训目的】

通过本次实训，掌握长期股权投资初始计量的会计处理。

二、【实训内容】

2014 年 1 月 1 日，丁公司支付现金 110 万元给丙公司，受让丙公司持有的甲公司 55%的股权，受让股权时甲公司的所有者权益账面价值为 200 万元，公允价值为 205 万元。

三、【实训要求】

（1）如果丙、丁公司同受甲公司的控制，编制丁公司取得长期股权投资时的会计分录。

（2）如果丙、丁公司之间不存在关联关系，编制丁公司取得长期股权投资时的会计分录。

实训二　权益法下长期股权投资的业务核算

一、【实训目的】

通过本次实训，掌握在权益法下长期股权投资的会计处理。

二、【实训内容】

2012 年 12 月 1 日，H 公司用银行存款购入 A 公司 30%的股票，计划长期持有。初始投资成本为 165 万元，采用权益法核算。投资时 A 公司可辨认净资产的公允价值为

600 万元。2014 年 A 公司实现净利润 150 万元，2015 年年初 A 公司宣告分配现金股利 100 万元，2015 年 A 公司发生亏损 200 万元。

三、【实训要求】

（1）根据上述资料，编制相关会计分录。

（2）根据上述资料，分别计算 2014 年年末、2015 年年末 H 公司该项长期股权投资的账面价值。

实训三　成本法下长期股权投资的业务核算

一、【实训目的】

通过本次实训，掌握在成本法下长期股权投资的会计处理。

二、【实训内容】

F 公司向 D 公司投资，有关投资情况如下：

（1）2014 年 12 月 1 日，F 公司支付银行存款 1 200 万元给 B 公司，受让 B 公司持有的 D 公司 60% 的股权（具有重大影响），采用成本法核算。假设未发生直接相关费用和税金。受让股权时 D 公司的可辨认资产公允价值为 1 800 万元。

（2）2014 年 12 月 31 日，D 公司 2014 年实现的净利润为 600 万元。

（3）2015 年 2 月 5 日，D 公司宣告分配现金股利 200 万元，A 公司于 4 月 15 日收到。

（4）2015 年 D 公司发生亏损 2 000 万元。

（5）2016 年 1 月 28 日，F 公司经协商，将持有的 D 公司的全部股权转让给丁企业，收到股权转让款 800 万元。

三、【实训要求】

根据上述资料，编制 F 公司相关会计分录。

实训四　单项选择题

1. 在同一控制下的合并，投资成本应当按（　　）入账。
   A. 被投资企业的账面价值　　　　　　B. 被投资企业的公允价值
   C. 实际投入资产的成本　　　　　　　D. 实际投资资产的公允价值

2. 在同一控制下的合并，若被投资企业的账面价值小于其公允价值的差额，按持股比例进行计算，投资方应当将此差额记入（　　）会计科目中。
   A. "营业外收入"　　　　　　　　　　B. "资本公积"
   C. "营业外支出"　　　　　　　　　　D. "盈余公积"

3. 在非同一控制下的合并，若被投资企业的资产的账面价值小于公允价值的差额，按持股比例进行计算，投资方应当将此差额记入（　　）会计科目中。
   A. "营业外支出"　　　　　　　　　　B. "资本公积"
   C. "投资收益"　　　　　　　　　　　D. "营业外收入"

4. 企业合并以外其他方式取得的长期股权投资，若是以支付现金取得的长期股权投资，应当按照（　　）作为初始投资成本。
   A. 实际支付的购买价
   B. 被投资方净资产的账面价值乘以持股比例
   C. 被投资方净资产的公允价值乘以持股比例
   D. 被投资方净资产的公允价值

5. 当企业之间存在如下（　　）关系，采用成本法进行会计处理。
   A. 共同控制　　　　　　　　　　　　B. 重大影响
   C. 控制　　　　　　　　　　　　　　D. 无控制、无共同控制且无重大影响

实训五　多项选择题

1. 当企业之间存在（　　）关系，采用权益法进行会计处理。
   A. 共同控制　　　　　　　　　　　　B. 重大影响
   C. 控制　　　　　　　　　　　　　　D. 无控制、无共同控制且无重大影响

2. 以合并方式为基础的企业合并分类可以分为（　　）。
  A. 控制合并   B. 吸收合并
  C. 注销合并   D. 新设合并

3. 以是否在同一控制下进行合并为基础对企业合并的分类可以分为（　　）。
  A. 同一控制下合并   B. 非同一控制下合并
  C. 吸收合并   D. 新设合并

第六章　固定资产实训

实训一　固定资产的确认与分类

一、【实训目的】

（1）通过本次实训，掌握固定资产的确认条件。

（2）通过本次实训，掌握固定资产的分类。

二、【实训内容】

丁公司将办公楼、厂房、职工宿舍、各车间的生产设备以及以经营租赁方式租入的仓库归类为生产经营用的固定资产；将办公设备和各车间、办公室的电风扇归类为非生产经营用的固定资产；将过去已经估价并单独入账的土地归类为无形资产。

三、【实训要求】

根据上述资料，分析判断该公司对固定资产的确认和分类是否正确，为什么？

实训二　自营工程的核算

一、【实训目的】

通过本次实训，掌握自营工程的会计处理。

二、【实训内容】

2016 年 2 月，丙公司准备自行建造厂房一幢，为此购入工程物资一批，增值税专用发票上注明的价款为 500 000 元，增值税税额为 85 000 元，款项以银行存款支付，物资全部投入工程建设。工程领用生产用原材料一批，成本为 30 000 元，当时购进时取得了增值税专用发票，增值税税率为 17%。工程领用本企业生产的钢材一批，实际成本为 240 000 元，税务部门确定的计税价格为 300 000 元，增值税税率为 17%。另外，在建造过程中，应付工程人员工资 150 000 元。6 月末，工程达到预定可使用状态。

三、【实训要求】

根据上述资料，编制相关会计分录。

实训三　出包工程的核算

一、【实训目的】

通过本次实训，掌握出包工程的会计处理。

二、【实训内容】

2016 年 2 月甲公司建造一栋楼房，出包给某建筑企业，工程总造价为 2 000 000 元。根据出包合同的规定，2 月 1 日预付工程总造价的 60%，其余价款工程完工验收合格后付清。2016 年 12 月 25 日工程完工，甲公司已验收并支付余款，工程达到预计可使用状态。

三、【实训要求】

根据上述资料，编制相关会计分录。

实训四　外购固定资产的核算

一、【实训目的】

通过本次实训，掌握外购固定资产的会计处理。

二、【实训内容】

某公司 2016 年发生了以下经济业务：

（1）1 月 1 日购进一台不需要安装的生产设备，不含税的买价是 800 000 元，取得了增值税专用发票，税额为 136 000 万元，款项以银行存款支付，使用部门为生产车间，预计使用年限为 15 年，清理费用为 20 000 元，残值收入为 30 000 元。该生产设备生产的产品需要缴纳增值税。

（2）1 月 2 日购进格力空调一台，不含税的买价是 20 000 元，取得了增值税专用发票，税额为 3 400 元，款项以银行存款支付，使用部门是财务部，预计使用年限为 6 年，残值收入为 1 000 元。

（3）1 月 3 日从某小规模纳税人处购入生产设备甲，价款共计 12 000 元，款项还没有支付，使用部门为生产车间，预计使用年限为 15 年，清理费用为 200 元，残值收入为 3 000 元。该生产设备生产的产品需要缴纳增值税。

（4）1 月 3 日从某小规模纳税人处购入生产设备乙，价款共计 20 600 元，取得了税务机关代开的增值税专用发票，款项以银行存款支付，使用部门为生产车间，预计使用年限为 8 年，清理费用为 1 000 元，残值收入为 2 000 元。该生产设备生产的产品需要缴纳增值税。

（5）1 月 4 日从某公司购进一台打印机，价款合计共计 11 700 元，取得了增值税专用发票，款项以银行存款支付，使用部门为公司办公室，预计使用年限为 5 年，残值收入为 5 000 元。

（6）1 月 4 日从某公司购入一台不需要安装的生产设备丙，不含税买价为 2 000 000元，取得了增值税专用发票，税额为 340 000 元，开出商业汇票一张，使用部门为生产车间，用该生产设备生产的产品是免税产品，预计使用年限为 12 年，清理费用为 30 000 元，残值收入为 50 000 元。

（7）1 月 5 日为建造生产车间的厂房，购买了相关工程物资，在购进过程中均取得了增值税专用发票，款项以银行存款支付，不含税买价为 5 000 000 元，增值税税额是 850 000 元。

（8）1 月 8 日为了建造该厂房，领用生产用钢材 100 000 元，该钢材购进时取得了增值税专用发票。

（9）1 月 28 日计提某项工程应承担的职工薪酬是 200 000 元，用银行存款支付其他费用165 000 元。

（10）1月9日购入一台需要安装的生产设备，利用该设备生产的产品需要缴纳增值税，不含税的买价是60万元，取得了增值税专用发票，税额是102 000元；开出了一张为期5个月的商业汇票交给卖方。在安装过程中领用生产用原材料50 000元，这批原材料购进时取得了增值税专用发票，当时购进时增值税税率为17%。另外应支付给本厂安装人员工资20 000元，月底安装完毕交付使用。预计使用年限为15年，清理费用为40 000元，残值收入为60 000元。

（11）1月10日对生产车间使用的厂房A进行全新装修，将从原来的建筑物拆下的废旧物品进行出售，出售取得价款100 000元，新发生装修支出500 000元，本月底装修完毕交付使用。所有款项通过银行办理。原来入账价值为2 650 000元，已经计提折旧234 600元。

三、【实训要求】

根据上述资料，编制有关固定资产购进、处理的会计分录。

实训五　固定资产的折旧范围实训

一、【实训目的】

（1）通过本次实训，掌握固定资产的确认条件。

（2）通过本次实训，掌握固定资产的折旧范围。

二、【实训内容】

生产型企业丙企业是增值税一般纳税人，丙企业对以下固定资产计提折旧：

（1）正在运转的机器设备。

（2）经营租赁租出的机器设备。

（3）季节性停用的机器设备。

（4）已提足折旧仍继续使用的机器设备。

（5）闲置的仓库。

（6）融资租赁租入的机器设备。

三、【实训要求】

根据上述资料，分析丙企业计提固定资产折旧的范围是否正确，为什么？

实训六　固定资产折旧的实训

一、【实训目的】

（1）通过本次实训，掌握固定资产初始计量及其会计处理。

（2）通过本次实训，掌握固定资产折旧方法及其计算。

二、【实训内容】

甲公司于 2016 年 3 月 12 日购入一台需要安装的生产设备（生产的产品免缴增值税），发生如下相关业务：

（1）增值税专用发票上注明价款 80 000 元，增值税款 13 600 元，发生运费 1 400 元（含增值税），取得了增值税专用发票，全部款项以银行存款支付。

（2）在安装过程中，领用原材料 2 000 元，材料购进时取得了增值税专用发票，进项税额为 340 元。

（3）用银行存款结算安装工人工资 3 200 元。

（4）该设备当月安装完毕，交付使用。该设备预计残值收入 2 000 元，清理费用 3 000 元，预计使用 5 年。

三、【实训要求】

（1）计算该设备的入账价值，并编制相关会计分录。

（2）分别采用平均年限法、年数总和法、双倍余额递减法计算该设备各年折旧额。

实训七　固定资产日常维护的核算

一、【实训目的】

通过本次实训，掌握固定资产日常维护的会计处理。

二、【实训内容】

甲公司对管理部门使用的设备和生产车间使用的设备进行日常维护，修理过程中发生应付的维修人员工资 20 000 元，其中管理部门应承担 3 000 元，生产车间应承担 17 000 元；对销售部门使用的固定资产进行维修，发生修理费用及配件 6 200 元，款项以银行存款支付。

三、【实训要求】

根据上述资料，编制相关会计分录。

实训八　固定资产改扩建的核算

一、【实训目的】

通过本次实训，掌握固定资产改扩建的会计处理。

二、【实训内容】

2016 年 6 月 30 日甲公司对一幢生产厂房进行更新改造，该生产厂房于 2012 年 5 月 30 日完工投入使用，入账原价 4 520 000 元，预计残值收入 25 000 元，预计清理费用 38 000 元，预计使用年限 25 年，采用年限平均法计提折旧。从房屋中拆下门窗出售所得价款 45 300 元，购买新的门窗支付总价款 2 340 000 元，取得了增值税专用发票。另支付更新改造工程款 586 000 元。所有款项通过银行收支，工程在 7 月完工。

三、【实训要求】

根据上述资料，编制固定资产改造的相关会计分录。

实训九　处置固定资产的业务核算

一、【实训目的】

通过本次实训，掌握处置固定资产的会计处理。

二、【实训内容】

甲公司 2016 年发生以下有关固定资产的处置业务：

（1）10 月 10 日出售一台机器设备，原值 300 000 元，已提折旧 20 000 元，支付清理费用 1 000 元，出售价款 290 000 元，所有款项均以银行存款支付。

（2）10 月 20 日发生火灾，毁损一栋房产，该房产原值 300 000 元，已提折旧 80 000 元，已提减值准备 30 000 元。经批准，应由保险公司赔款 90 000 元，款项已经收到。房产毁损残料变卖收入 3 200 元。所有款项均以银行存款支付。

三、【实训要求】

根据上述资料，编制相关会计分录。

实训十　固定资产清查的业务核算

一、【实训目的】

通过本次实训，掌握固定资产清查的会计处理。

二、【实训内容】

2016 年 12 月 30 日，乙公司对固定资产进行清查时发现如下问题：

（1）短缺一台笔记本电脑，原值 9 800 元，已提折旧 5 000 元。经批准，该盘亏设备作营业外支出处理。

（2）盘盈一台设备尚未入账，重置成本 60 000 元。该公司的企业所得税税率为 25%。不考虑计提盈余公积。

三、【实训要求】

根据上述资料，编制相关会计分录。

实训十一 单项选择题

1. 某公司购进一台生产设备，用于生产免税产品，支付不含税买价 200 000 元，取得了增值税专用发票，税款为 34 000 元。该生产设备不需要安装，款项已经支付。该生产设备入账价值为（　　）元。

    A. 200 000　　　　　　　　　　　B. 234 000

    C. 220 000　　　　　　　　　　　D. 230 000

2. 采用出包方式建造一项生产设备，支付出包工程款时，通过（　　）会计科目进行核算。

    A. "预付账款"　　　　　　　　　B. "固定资产"

    C. "在建工程"　　　　　　　　　D. "应付账款"

3. 对某项固定资产进行更新改造，在改造过程中发生的变价收入冲减（　　）会计科目。

    A. "固定资产清理"　　　　　　　B. "营业外收入"

    C. "营业外支出"　　　　　　　　D. "在建工程"

4. 购进一台办公用生产设备，该设备不需安装，支付不含税买价为 20 000 元，取得了增值税专用发票，税额为 3 400 元，款项已经支付。该办公设备的入账价值为（　　）元。

    A. 20 000　　　　　　　　　　　B. 23 400

    C. 23 000　　　　　　　　　　　D. 21 000

5. 固定盘盈的金额贷方只能通过（　　）会计科目进行核算。

    A. "营业外收入"　　　　　　　　B. "以前年度损益调整"

    C. "其他业务收入"　　　　　　　D. "主营业务收入"

6. 对某项固定进行出售处理，在出售过程中发生的收入，首先通过（　　）会计科目进行核算。

    A. "主营业务收入"　　　　　　　B. "其他业务收入"

    C. "营业外收入"　　　　　　　　D. "固定资产清理"

7. 对下列（　　）固定资产不需再计提折旧额。

    A. 不需用的生产设备　　　　　　B. 房屋

    C. 季节性停用的生产设备　　　　D. 已经提足折旧继续使用的设备

8. 加速折旧法的特点是（　　）。

    A. 前期计提的折旧额少，后期计提的折旧多

    B. 前期计提的折旧额多，后期计提的折旧少

    C. 每期计提的折旧额相等

    D. 没有显著的特点

9. 一项固定资产折旧额是（　　　）。

    A. 固定资产原价

    B. 固定资产原价加上清理费用

    C. 固定资产原价加上清理费用减去残值收入

    D. 固定资产原价减去残值收入

10. 采用年限平均法计提折旧时，计提折旧额的基数是（　　　）。

    A. 固定资产原价

    B. 固定资产净值

    C. 固定资产原价减去残值收入

    D. 固定资产原价减去残值收入加上清理费用

实训十二 多项选择题

1. 固定资产的加速折旧法主要有（　　　）。

    A. 年限总和法　　　　　　　　B. 双倍余额法

    C. 工作量法　　　　　　　　　D. 年限平均法

2. 一项固定资产的折旧总额受以下（　　　）因素影响。

    A. 固定资产原值　　　　　　　B. 清理费用

    C. 使用年限　　　　　　　　　D. 残值收入

3. 计提固定资产折旧额，需要考虑的因素有（　　　）。

    A. 使用年限　　　　　　　　　B. 固定资产原值

    C. 清理费用　　　　　　　　　D. 残值收入

4. 固定资产清理账户反映的经济业务有（　　　）。

    A. 出售（报废）固定资产的净值

    B. 清理固定资产费用

    C. 清理固定资产残值收入

    D. 固定资产的盘亏

5. 下列各项固定资产中，需要计提折旧的有（　　　）。

    A. 不需要用的生产设备　　　　B. 当月增加的固定资产

    C. 当月减少的固定资产　　　　D. 季节性停用的生产设备

6. 下列各项固定资产中，不需要计提折旧的有（　　　）。

    A. 已经提足折旧继续使用的固定资产

    B. 当月增加的固定资产

    C. 经营租入的固定资产

    D. 融资租入的固定资产

第七章　无形资产实训

实训一　无形资产的确认

一、【实训目的】

通过本次实训，掌握无形资产的含义、特征及确认条件。

二、【实训内容】

乙企业在会计核算中，把以下内容都确认为无形资产入账：

（1）高级专业技术人才。

（2）公司购入的企业管理软件和会计核算软件。

（3）有偿取得一项为期15年的高速公路收费权。

（4）购买的商标权。

（5）自行研发产品发生的所有研发费用。

三、【实训要求】

根据上述资料，分析判断企业的做法是否正确，为什么？

实训二　无形资产的初始计量

一、【实训目的】

通过本次实训，掌握无形资产的初始确认及其会计处理。

二、【实训内容】

2016年6月，甲公司为降低公司生产成本，决定研发某项新型技术。研发过程中发生的费用支出情况如下：

（1）在 2016 年度领用原材料 1 000 000 元，当时购进时没有取得增值税专用发票，人工费用 550 000 元，计提专用设备折旧 250 000 元，以银行存款支付其他费用 3 000 000元，总计 4 800 000 元，其中符合资本化条件的支出为 3 650 000 元。

（2）2017 年 1 月 31 日前领用原材料 200 000 元，当时购进时没有取得增值税专用发票，人工费用 100 000 元，计提专用设备折旧 50 000 元，以银行存款支付其他费用 80 000 元。全部费用符合资本化条件。

（3）2017 年 1 月 31 日该项新兴技术研发成功，达到预定用途并成功申请获得该项技术专利权，在申请过程中发生的专利登记费为 20 000 元，律师费为 15 000 元。全部款项以银行存款支付。

（4）2017 年 5 月 10 日公司购入一项商标权支付 1 000 000 元，支付相关费用 30 000元。款项以银行存款支付。

三、【实训要求】

根据上述资料，编制相关会计分录。

实训三　无形资产的后续计量

一、【实训目的】

通过本次实训，掌握无形资产摊销的会计处理。

二、【实训内容】

丙公司于 2014 年 1 月 1 日购入一项专利权，支付价款 500 万元，该无形资产预计使用年限为 8 年。款项以银行存款支付。

三、【实训要求】

根据上述资料，编制 2014 年、2015 年、2016 年的相关会计分录。

实训四　处置无形资产的业务核算

一、【实训目的】

通过本次实训，掌握处置无形资产的会计处理。

二、【实训内容】

丙公司 2014—2016 年无形资产业务有关资料如下：

（1）2014 年 1 月 1 日购入一项无形资产，以银行存款支付 500 万元。该无形资产的预计使用年限为 10 年，采用直线法摊销。

（2）2016 年 3 月 1 日将该无形资产对外出售，取得价款 200 万元并收存银行，增值税税率为 6%。

三、【实训要求】

（1）根据上述资料，计算每年的摊销金额。

（2）编制 2014 年、2015 年、2016 年相关的会计处理。

第八章　借款费用实训

实训一　借款费用资本化（专门借款）实训

一、【实训目的】

（1）通过本次实训，掌握借款费用资本化的计算。

（2）通过本次实训，掌握借款费用资本化的会计处理。

二、【实训内容】

广州某公司于 2015 年 1 月 1 日正式动工兴建一幢办公楼，工期预计为 2 年，将于 2016 年年底完工。工程采用出包方式，分别于 2015 年 1 月 1 日、2015 年 7 月 1 日、2016 年 1 月 1 日和 2016 年 7 月 1 日支付工程款。公司为此于 2015 年 1 月 1 日专门借款 3 500 万元，借款期限为 3 年，年利率为 6%，另外于 2015 年 7 月 1 日又专门借款 6 000 万元，借款期限为 5 年，年利率为 7%，借款利息按年支付。闲置的借款资金均用于固定收益债券短期投资，该短期投资月收益为 0.4%。

公司为建造该办公大楼发生的支出如表 8-1 所示。

表 8-1　　　　　　　　公司为建造该办公大楼发生的支出　　　　　　　单位：万元

日期	每期支出金额	累计支出金额	短期投资金额
2015 年 1 月 1 日	3 000	3 000	500
2015 年 7 月 1 日	4 000	7 000	2 500
2016 年 1 月 1 日	2 000	9 000	500
2016 年 7 月 1 日	500	9 500	0
总计	9 500	—	3 500

三、【实训要求】

（1）计算出 2015 年、2016 年每年资本化金额及费用化金额。

（2）根据上述计算结果，进行 2015 年、2016 年的会计处理。

实训二　借款费用资本化（一般借款）实训

一、【实训目的】

（1）通过本次实训，掌握借款费用资本化的计算。

（2）通过本次实训，掌握借款费用资本化的会计处理。

二、【实训内容】

广州某公司于 2015 年 1 月 1 日正式动工兴建一幢办公楼，工期预计为 2 年，工程采用出包方式，分别于 2015 年 1 月 1 日、2015 年 7 月 1 日、2016 年 1 月 1 日和 2016 年 7 月 1 日支付工程款。假定建造办公楼没有专门借款，占用的都是一般性借款。

（1）向银行贷款 4 000 万元，期限为 2015 年 1 月 1 日至 2017 年 12 月 31 日，年利率为 7%，按年付利息。

（2）发行公司债券 5 000 万元，2015 年 1 月 1 日发行，期限为 4 年，年利率为 9%，按年付息。

公司为建造该办公大楼发生的支出如表 8-2 所示。

表 8-2　　　　　　　公司为建造该办公大楼发生的支出　　　　　　单位：万元

日期	每期支出金额	累计支出金额
2015 年 1 月 1 日	2 000	2 000
2015 年 7 月 1 日	3 000	5 000
2016 年 1 月 1 日	3 000	8 000
2016 年 7 月 1 日	1 000	9 000
总计	9 000	—

三、【实训要求】

（1）计算出 2015 年、2016 年每年资本化金额及费用化金额。

（2）根据上述计算结果，进行 2015 年、2016 年的会计处理。

实训三　多项选择题

1. 借款费用包括（　　）等项目。

  A. 借款利息　　　　　　　　　B. 外币借款的汇兑差额

  C. 借款的辅助费用　　　　　　D. 折价或溢价摊销

2. 确定借款费用资本化的时点需要考虑（　　）等因素。

  A. 资产支出是否已经发生

  B. 借款费用是否已经发生

  C. 为使资产达到预定可使用或可销售状态所必要的购建或生产活动是否已经开始

  D. 借款是否已经成功

3. 发生了下列（　　）的情况，可以考虑暂停借款费用资本化。

  A. 企业因与施工方发生了质量纠纷

  B. 工程、生产用料没有及时供应

  C. 资金周转发生了困难

  D. 施工、生产发生了安全事故

第九章　负债实训

实训一　应付债券溢价发行实训

一、【实训目的】

通过本次实训，基本上能够掌握应付债券溢价发行的会计账务处理。

二、【实训内容】

广州 A 股份有限公司于 2014 年 1 月 1 日发行一批债券，面值为 200 万元，票面利率为 10%，期限为 3 年，实际利率为 8%，发行价格为 210.302 万元。款项已存入银行。该笔款项用于流动资金运转。每年年末支付利息一次。利息分摊一览表如表 9-1 所示。

表 9-1　　　　　　　　　　　　　利息分摊一览表　　　　　　　　　　单位：万元

付息日期	支付利息 (1)= 面值×10%	利息费用 (2)= 上期(4)×8%	摊销的利息调整 (3)= (1)-(2)	应付债券摊余成本 (4)= 上期（4）-(3)
2014 年 12 月 31 日				
2015 年 12 月 31 日				
2016 年 12 月 31 日				
合计				

三、【实训要求】

（1）将正确的数据填入表 9-1 中。
（2）根据上述发生的经济业务，进行正确的发行、摊销、偿还会计核算。

实训二　应付债券折价发行实训

一、【实训目的】

通过本次实训，基本上能够掌握应付债券折价发行的会计账务处理。

二、【实训内容】

广州 A 股份有限公司于 2014 年 1 月 1 日发行一批债券，面值为 200 万元，票面利率为 8%，期限为 3 年，实际利率为 10%，发行价格为 190.050 4 万元。款项已存入银行。该笔款项用于流动资金运转。每年年末支付利息一次。折价发行时，利息分摊一览表如表 9-2 所示。

表 9-2　　　　　　　　　　利息分摊一览表　　　　　　　　　　单位：万元

付息日期	支付利息 （1）= 面值×8%	利息费用 （2）= 上期（4）×10%	摊销的利息调整 （3）= （2）-（1）	应付债券摊余成本 （4）= 上期（4）+（3）
2014 年 12 月 31 日				
2015 年 12 月 31 日				
2016 年 12 月 31 日				
合计				

三、【实训要求】

（1）将正确的数据填入表 9-2 中。
（2）根据上述发生的经济业务，进行正确的发行、摊销、偿还会计核算。

实训三　应付债券平价发行实训

一、【实训目的】

通过本次实训，基本上能够掌握应付债券平价发行的会计账务处理。

二、【实训内容】

广州 A 股份有限公司于 2014 年 1 月 1 日发行一批债券，面值为 200 万元，票面利率为 10%，期限为 3 年，实际利率为 10%，发行价格为 200 万元。款项已存入银行。该笔款项用于流动资金运转。每年年末支付利息一次。

三、【实训要求】

根据上述发生的经济业务，进行正确的发行、摊销、偿还会计核算。

实训四　应付职工薪酬的实训

一、【实训目的】

通过本次实训，基本上能够掌握应付职工薪酬的会计账务处理。

二、【实训内容】

（1）广东 A 股份有限公司有关规定如下：

①根据国家有关法律规定，平均每月全勤天数为 21.75 天。

②因私事经公司相关领导批准后，以当月应付工资的全部应发金额除以 21.75 天作为每天事假扣款金额。

③无故迟到、早退在 15 分钟（含 15 分钟）以内的，每次扣款金额为 40 元；无故迟到早退超过 15 分钟的，作为旷工处理。

④无故旷工的，每天的扣款金额为事假扣款的 2 倍，直到当天应发工资扣完止。

⑤因病请假的，请假时间在 3 天（含 3 天）以内的，按每天应发工资金额的 70% 发放；请假时间在 3 天以上、5 天（含 5 天）以内的，按每天应发工资金额的 50% 发放；请假时间超过 5 天的，按每天应发工资的 30% 发放。

（2）广东 A 股份有限公司 2016 年 12 月考勤表如表 9-3 所示。

表 9-3　　　　　　　　　　　2016 年 12 月考勤表

部门	姓名	旷工天数（天）	事假天数（天）	病假天数（天）			迟到次数（次）	
				3 天以下	3 至 5 天	5 天以上	15 分钟以下	15 分钟以上
财务部	李一	1		1				
	李二		1				1	
采购部	张一	0.5						
	张二		2				4	
人事部	王一		4					
	王二		2					
工程开发部	万一		2					
	万二		2					3
车间办公室	陈一		5					
	陈二		4		4		2	
车间生产线	董一		3				2	
	董二		2					
销售部	汤一		2					
	汤二		4					

制表：　　　　　　　　　　　　　　　　　　　审核：

（3）广东 A 股份有限公司（该企业的性质是私营企业）所在地区"五险"的缴纳标准如下：

①养老保险：外资单位 20%，省属单位 18%，私营企业 12%，个人 8%。

②医疗保险：单位 7%，个人 2%。

③失业保险：单位 0.2%，个人 0.1%。

④工伤保险：单位 0.4%，个人不用缴纳。

⑤生育保险：单位 0.85%，个人不用缴纳。

（4）个人所得税税率表如表 9-4 所示。

表9-4   个人所得税税率表（个人所得税免征额3 500元，工资薪金所得适用）

级数	全月应纳税所得额 （含税级距）	全月应纳税所得额 （不含税级距）	税率 （%）	速算 扣除数
1	不超过1 500元	不超过1 455元的部分	3	0
2	超过1 500元至4 500元的部分	超过1 455元至4 155元的部分	10	105
3	超过4 500元至9 000元的部分	超过4 155元至7 755元的部分	20	555
4	超过9 000元至35 000元的部分	超过7 755元至27 255元的部分	25	1 005
5	超过35 000元至55 000元的部分	超过27 255元至41 255元的部分	30	2 755
6	超过55 000元至80 000元的部分	超过41 255元至57 505元的部分	35	5 505
7	超过80 000元的部分	超过57 505元的部分	45	13 505

（5）代扣水电明细表如表9-5所示。

表9-5   代扣水电费明细表

部门	姓名	用水量 （吨）	单价 （元/吨）	金额 （元）	用电量 （度）	单价 （元/度）	金额 （元）	合计 （元）
财务部	李一	5	2.85		50	0.65		
采购部	张一	6	2.85		50	0.65		
人事部	王一	5	2.85		40	0.65		
	王二	4	2.85		40	0.65		
工程 开发部	万一	5	2.85		80	0.65		
	万二	6	2.85		80	0.65		
车间 办公室	陈一	8	2.85		50	0.65		
	陈二	4	2.85		80	0.65		
车间 生产线	董一	5	2.85		60	0.65		
	董二	5	2.85		50	0.65		
销售部	汤一	5	2.85		60	0.65		
	汤二	4	2.85		40	0.65		

制表：   审核：

（6）代扣"五险"明细表如表9-6所示。

表9-6   代扣"五险"明细表

部门	姓名	计提 基数	工伤保险 （0）	养老保险 （8%）	医疗保险 （2%）	生育保险 （0）	失业保险 （0.1%）	合计
财务部	李一							
	李二							
小计								

表9-6（续）

部门	姓名	计提基数	工伤保险（0）	养老保险（8%）	医疗保险（2%）	生育保险（0）	失业保险（0.1%）	合计
采购部	张一							
	张二							
小计								
人事部	王一							
	王二							
小计								
工程开发部	万一							
	万二							
小计								
车间办公室	陈一							
	陈二							
小计								
车间生产线	董一							
	董二							
	董三							
	董四							
小计								
销售部	汤一							
	汤二							
小计								
总计								

制表：　　　　　　　　　　　　　　　　　　　审核：

（7）12月份工资表如表9-7所示。

表9-7　　　　　　　　　　12月份工资表　　　　　　　　单位：元

部门	姓名	基本工资	职务工资	岗位工资	奖金	交通补贴	误餐补贴	应发合计	事假扣款	病假扣款	迟到扣款	旷工扣款	代扣水电	代扣五险	代扣个税	扣款合计	实发合计
财务部	李一	8 000	1 000	500	600	400	200										
	李二	4 800	800	300	200	400	200										
小计																	

表9-7（续）

部门	姓名	基本工资	职务工资	岗位工资	奖金	交通补贴	误餐补贴	应发合计	事假扣款	病假扣款	迟到扣款	旷工扣款	代扣水电	代扣五险	代扣个税	扣款合计	实发合计
采购部	张一	3 500	600	200	300	400	200										
	张二	3 000	500	150	200	400	200										
小计																	
人事部	王一	5 000	700	300	500	400	200										
	王二	3 600	500	120	240	400	200										
小计																	
工程开发部	万一	6 000	500	400	300	400	200										
	万二	5 500	500	350	400	400	200										
小计																	
车间办公室	陈一	8 000	600	300	400	400	200										
	陈二	6 500	550	250	60	400	200										
小计																	
车间生产线	董一	2 500	200	150	100	400	200										
	董二	2 500	200	150	100	400	200										
	董三	2 500	200	150	100	400	200										
	董四	2 500	200	150	100	400	200										
小计																	
销售部	汤一	2 000	200	300	0	400	200										
	汤二	2 000	200	300	0	400	200										
小计																	
总计																	

制表：   审核：

（8）计提"五险"明细表如表9-8所示。

表9-8 计提"五险"明细表

部门	姓名	计提基数	工伤保险（0.4%）	养老保险（12%）	医疗保险（7%）	生育保险（0.85%）	失业保险（0.2%）	合计
财务部	李一							
	李二							
小计								
采购部	张一							
	张二							
小计								

表9-8(续)

部门	姓名	计提基数	工伤保险 (0.4%)	养老保险 (12%)	医疗保险 (7%)	生育保险 (0.85%)	失业保险 (0.2%)	合计
人事部	王一							
	王二							
小计								
工程开发部	万一							
	万二							
小计								
车间办公室	陈一							
	陈二							
小计								
车间生产线	董一							
	董二							
	董三							
	董四							
小计								
销售部	汤一							
	汤二							
小计								
总计								

制表：　　　　　　　　　　　　　　　　　　　　　审核：

三、【实训要求】

（1）根据上述发生的经济业务，将有关的正确数据填入相关工资表中。

（2）根据上述工资表，编制正确的会计凭证。

实训五 应交税费的实训

一、【实训目的】

通过本次实训，基本上能够掌握应交税费的计算及会计账务处理。

二、【实训内容】

（1）广州 A 股份有限公司为增值税一般纳税人，增值税税率为 17%，销售 A 产品时需要缴纳增值税，城市维护建设税税率为 7%。

（2）2016 年 10 月 A 公司发生的经济业务如下：

①1 日购进生产用原材料一批，材料不含增值税成本为 20 万元，取得了增值税专用发票，款项已经通过银行存款支付。

②2 日从小规模纳税人广州甲公司购入一批原材料，价税合计 4 200 元，广州甲公司自己开具了增值税发票给广州 A 股份有限公司，款项尚未支付。

③3 日购进生产用原材料一批，材料不含增值税成本为 5 万元，销售方开具了增值税普通发票，款项已经通过银行存款支付。

④4 日从小规模纳税人广州甲公司购入一批原材料，价税合计 4 120 元，广州甲公司委托当地国家税务机关代开了增值税专用发票，款项还没有支付。

⑤5 日从上海建昌公司购进一台不需要安装的生产设备，取得了增值税专用发票，不含增值税的买价为 8 万元，增值税税额为 1.36 万元，开出为期 3 个月的商业票据一张。

⑥6 日将一批原材料从公司仓库领出后作为建筑材料自建生产车间厂房，购进时取得增值税专用发票，不含税的金额为 5 000 元。

⑦7 日对上月仓库因火灾发生毁损的一批材料进行处理，材料不含税的成本为 2 000 元，购进时取得了增值税专用发票，购进时增值税税率为 17%。

⑧8 日购进需要安装建筑设备一台，用来建造生产车间厂房，取得了增值税专用发票，不含税的买价为 30 万元，增值税税率为 17%，开出了为期 4 个月商业票据一张。

⑨9 日销售 A 产品一批，开具了增值税普通发票，不含税的金额为 30 万元，款项已经通过银行收到。

⑩10 日销售 A 产品一批，开具了增值税专用发票，不含税的金额为 60 万元，收到对方银行汇票一张。

⑪11 日将一批 A 产品作为公司福利分发给本公司员工，数量为 50 个，单位成本为 120 元，市场上不含税销售单价为 200 元。其中，管理部门人员有 30 人，销售部门有 20 人。

⑫12 日将一批 A 产品无偿捐赠当地一家养老院，数量为 30 个，单位成本为 120 元，市场上不含税的销售单价为 200 元。

⑬13 日将一批 A 产品投入广东乙公司，该公司的注册资本为 100 万元，占该公司注册资本的 10%，数量为 1 000 个，单位成本为 120 元，市场上不含税的销售单价为 200 元。在此之前，两家公司之间不存在任何关联关系。

三、【实训要求】

（1）根据上述发生的经济业务，正确计算当期应纳的增值税、城市维护建设税、教育费附加等有关税费。

（2）根据上述发生的经济业务及计算结果，编制正确的会计凭证。

实训六 单项选择题

1. 按期计提短期借款的利息时，贷方应通过（　　）会计科目进行会计处理。

  A. "短期借款"   B. "应付利息"

  C. "财务费用"   D. "在建工程"

2. 开出带息的商业票据应承担的利息支出应计入（　　）会计科目。

  A. "营业外支出"   B. "原材料"

  C. "财务费用"   D. "主营业务成本"

3. 当企业预收账款不是太多，也可以不设置"预收账款"会计科目，可以在（　　）会计科目中进行会计核算。

  A. "应付账款"   B. "预付账款"

  C. "应收账款"   D. "其他应收款"

4. 一般纳税人购进货物时没有取得增值税专用发票，所支付的增值税应计入（　　）中。

    A. 货物成本　　　　　　　　　　B. 单独计算增值税进项税额

    C. 单独计算增值税销项税额　　　　D. 税法中没有明确规定

5. 某一般纳税人从外地采购一批货物，支付运费（不含增值税）1 000 元，装卸费 50 元，保险费用 15 元，取得了增值税专用发票，该项行为增值税的进项税额为（　　）元。

    A. 74.55　　　　　　　　　　　B. 110

    C. 70　　　　　　　　　　　　　D. 69.67

6. 某超市从当地农民手中采购了一批农产品，开具了有关农副产品采购增值税发票，货物的买价为 50 万元。该项采购行为可以计算进项税额（　　）元。

    A. 65 000　　　　　　　　　　　B. 57 522.12

    C. 72 649.57　　　　　　　　　　D. 85 000

7. 某企业为一般纳税人，为建造一幢厂房，从仓库领用材料一批，不含税价格为 5 000 元，当时购进时取得了增值税专用发票，可以计入在建工程成本的金额为（　　）元。

    A. 5 000　　　　　　　　　　　B. 5 850

    C. 5 500　　　　　　　　　　　D. 4 980

8. 对于需要缴纳增值税的一般纳税人来讲，月底对计算出的本期需要缴纳的增值税应（　　）。

    A. 结转到"应交税费——未交增值税"

    B. 结转到"应交税费——已交税金"

    C. 不做任何账务处理

    D. 结转到"应交税费——进项税额转出"

实训七　多项选择题

1. 就一般纳税人企业来讲，为了正确核算本期应缴纳的增值税，应当设置的会计科目是（　　）。

    A. "应交税费——进项税额"　　　　B. "应交税费——销项税额"

    C. "应交税费——进项税额转出"　　D. "应交税费——已交税金"

2. 计提当期应当缴纳的城市维护建设税、教育费附加的数据基础是（　　）。

    A. 当期应缴纳的增值税　　　　　　B. 当期应缴纳的消费税

    C. 当期应缴纳的企业所得税　　　　D. 当期应缴纳的营业税

3. 视同销售行为有（　　）。

    A. 将自产、委托加工或购买的货物无偿赠送他人

    B. 将自产或委托加工的货物用于集体福利或个人消费

C. 将自产、委托加工或购买货物作为投资，提供给其他单位或个体经营者

D. 非同一县（市）将货物从一个机构移送其他机构用于销售

4. 需要做出进项税额转出的行为有（　　）。

A. 非正常损失的在产品、产成品所耗用的购进货物或者应税劳务

B. 用于免税项目的购进货物或者应税劳务

C. 用于集体福利或个人消费的购进货物或者应税劳务

D. 用于非应税项目的购进货物或者应税劳务

5. 下列（　　）不通过"应交税费"会计科目进行会计处理。

A. 消费税　　　　　　　　　　　B. 印花税

C. 耕地占用税　　　　　　　　　D. 教育费附加

第十章 收入、费用、利润实训

实训一 应交企业所得税实训

一、【实训目的】

通过本次实训，能够正确计算当期应缴纳的企业所得税，并做出正确的会计处理。

二、【实训内容】

广东燕塘有限公司2010年实现利润-20万元，2001年实现利润-10万元，2012年实现利润10万元，2013年实现利润-15万元，2014年实现利润5万元，2015年实现利润8万元，2016年实现利润-2万元，2017年实现利润65万元。企业所得税税率为25%。

广东燕塘有限公司2018年第一季度实现利润20万元。

三、【实训要求】

（1）计算2010—2018年第一季度各期应当缴纳的企业所得税。
（2）根据各期的计算结果，正确编制有关企业所得税计提及结转的会计分录。

实训二 分期收款销售实训

一、【实训目的】

通过本次实训，能够掌握分期收款销售的会计处理。

二、【实训内容】

广东A股份有限公司于2013年1月1日采用分期收款销售的方式向广州乙股份有

限公司销售甲产品，合同约定销售价格为 2 000 万元，分 4 次于每年的 12 月 31 日等额收取。该产品成本为 1 200 万元，在现销的方式下，该产品的现金销售价格为 1 800 万元。假定广州 A 股份有限公司发出商品时开出增值税发票，注明的增值税税额为 340 万元，并于当天收到增值税 340 万元。实际利率为 4.356 4%。财务费用和已收本金计算如表 10-1 所示。

表 10-1 　　　　　　　　　　**财务费用和已收本金计算表**　　　　　　　　单位：万元

年份	未收本金（1）	财务费用(2)= (1)×实际利率	收现总额(3)	已收本金(4)= (3)-(2)
2013 年 1 月 1 日				
2013 年 12 月 31 日				
2014 年 12 月 31 日				
2015 年 12 月 31 日				
2016 年 12 月 31 日				
总额				

三、【实训要求】

（1）正确填写财务费用和已收本金计算表。

（2）根据财务费用和已收本金计算表中数据编制 2013—2016 年的会计分录。

实训三　委托代销商品(视同买断)销售实训

一、【实训目的】

通过本次实训，能够正确进行视同买断的委托代销商品销售的会计处理。

二、【实训内容】

广州 A 有限责任公司与广州乙有限责任公司于 2016 年 10 月 1 日签订了一份委托代销商品协议，广州乙有限责任公司为广州 A 有限责任公司代销甲商品 1 500 个，不含税单位代销价为 200 元，其单位成本为 160 元。11 月 20 日广州 A 有限责任公司收到广州乙有限责任公司寄来的代销清单，将此批产品全部销售出去，款项已通过银行收妥。但广州乙有限责任公司最终的不含税实际销售单价为 240 元。增值税税率为 17%。

三、【实训要求】

对委托方广州 A 有限责任公司的委托代销商品销售行为进行会计处理。

实训四　委托代销商品(收取手续费)销售实训

一、【实训目的】

通过本次实训，能够正确进行收取手续费的委托代销商品销售的会计处理。

二、【实训内容】

广州 A 有限责任公司与广州乙有限责任公司于 2016 年 11 月 5 日签订了一份委托代销商品协议，广州乙有限责任公司为广州 A 有限责任公司代销某种商品 1 500 个，不含税代销单位销售价为 160 元，其单位销售成本为 120 元。12 月 12 日广州 A 有限责任公司收到广州乙有限责任公司寄来的代销清单，将此批产品全部销售出去。代销手续费按销售收入的 1% 计算。款项已经通过银行支付。增值税税率为 17%。

三、【实训要求】

（1）对委托方广州 A 有限责任公司的委托代销商品销售行为进行会计处理。

（2）对受托方广州乙有限责任公司的委托代销商品销售行为进行会计处理。

实训五　销售退回实训

一、【实训目的】

通过本次实训，能够正确进行销售退回的会计处理。该企业的企业所得税税率为 25%。

二、【实训内容】

广州燕塘有限责任公司 2016 年 1 月 5 日收到一批退货，该批退货的原因是产品质量不符合合同要求。该批退货的销售时间是 2015 年 11 月 25 日，退货的数量为 20 个，当时不含税的销售单价为 200 元，单位销售成本为 140 元，增值税税率为 17%，通过转账方式退回了全部货款，货物全部办理了退货入库手续。

广州燕塘有限责任公司 2016 年 2 月 15 日收到一批退货，该批退货的原因是产品质量不符合合同要求。该批退货的销售时间是 2016 年 1 月 25 日，退货的数量为 30 个，当时不含税的销售单价为 260 元，单位销售成本为 200 元，增值税税率为 17%，通过转账方式退回了全部货款，货物全部办理了退货入库手续。

三、【实训要求】

编制上述两批退货业务的会计分录。

实训六　劳务收入实训（一）

一、【实训目的】

通过本次实训，能够正确进行劳务收入的会计处理。

二、【实训内容】

广州甲安装公司于 2016 年 10 月 2 日同广州乙公司签订一份安装合同，由广州甲安装公司负责安装某种设备。经过双方协商，该安装任务完成后，广州乙公司应向广州甲安装公司支付安装服务费（含税）22 200 元，增值税税率为 11%。该安装任务在 10 月 20 日之前完成。在安装过程中，广州甲安装公司应向本公司安装人员支付工资 16 000 元，支付交通费用 500 元。安装服务费已经通过银行转账收到。工资还没有发放，交通费用以现金方式支付。

三、【实训要求】

根据上述发生的业务，编制广州甲安装公司的相关会计分录。

实训七　劳务收入实训（二）

一、【实训目的】

通过本次实训，能够正确进行劳务收入的会计处理。

二、【实训内容】

广州甲锅炉公司于 2016 年 12 月 2 日向广州乙公司销售某种锅炉 2 台，每台锅炉不含税的售价为 200 000 元，每台锅炉的成本为 180 000 元，增值税税率为 17%。双方在销售合同中规定，广州甲锅炉公司向广州乙公司销售锅炉所收取的价款中不含安装服务费。若广州乙公司需要提供安装服务，广州甲锅炉公司根据实际提供劳务情况需要另行收费。经过双方协商，每台锅炉的安装服务费（含税）为 3 330 元。在安装过程中，广州甲锅炉公司应向本公司安装人员支付工资 4 000 元，支付交通费用 400 元。广州乙公司支付的款项已经通过银行转账收到。工资还没有发放，交通费用以现金方式支付。安装服务的增值税税率为 11%。

三、【实训要求】

根据上述发生的业务，编制广州甲锅炉公司的相关会计分录。

第十一章 所有者权益实训

实训一 实收资本（股本）增加实训（一）

一、【实训目的】

（1）通过本次实训，能够掌握通过发行股票方式增加实收资本（或股本）的会计处理。

（2）通过本次实训，能够掌握发行股票股利的会计处理。

二、【实训内容】

（1）广东燕塘股份有限公司采用公开发行股票的方式筹集注册资本，经中国证券监督委员会审核同意，于2015年8月10日向社会公开发行股票。

（2）本次公开发行5 000万股股票，每股股票的面值为1元，实际发行价为6元。按发行价的2%向中国光大证券公司支付发行费用。发行完毕后，所有款项已经入账。

（3）2016年2月，经公司股东大会表决，决定向全体股东分派2015年的利润，发放的股票股利总金额为9 800万元，但只能发放股票股利。经中国证券监督管理委员会审核同意，公司于4月16日向全体股东发放了股票股利，每股面值为1元，发行2 000万股，实际发行价为5元，按发行价的2%向中国光大证券公司支付股票发行手续费用，所有发行手续全部完毕。

三、【实训要求】

根据该公司实际发生的经济业务，编制正确的记账凭证。

实训二 实收资本（股本）增加实训（二）

一、【实训目的】

通过本次实训，能够掌握通过货币资金、流动资产、固定资产等方式增加实收资本（或股本）的会计处理。

二、【实训内容】

（1）广东燕塘有限责任公司的注册资本为 1 000 万元，公司于 2016 年 6 月 10 日成立，投资者为广东甲有限责任公司、广东乙有限责任公司、广东丙有限责任公司，它们分别持有广东燕塘有限责任公司的 40%、35%、25% 的股份。

（2）2016 年 5 月 15 日广东甲有限责任公司以银行存款 150 万元，某种成本价为 200 万元（双方确认价值）、市场价格为 250 万元的原材料出资。广东燕塘有限责任公司取得了增值税专用发票。

（3）2016 年 5 月 16 日广东乙有限责任公司以一台账面原价为 500 万元、累计折旧为 100 万元的不需要安装的生产设备出资，经双方协商确认其价值为 375 万元。

（4）2016 年 5 月 18 日广东丙有限责任公司以一项专利技术出资，该项专利技术的账面原价为 120 万元，累计摊销金额为 15 万元，双方经协商确认的价值为 105 万元，同时还以银行存款 145 万元出资。

三、【实训要求】

根据该公司实际发生的经济业务，编制正确的记账凭证。

实训三 利润分配实训

一、【实训目的】

通过本次实训，能够掌握本年实现利润及利润分配的会计处理。

二、【实训内容】

（1）2016 年 12 月 31 日广东燕塘有限责任公司实现税前利润为 360 万元，该公司所得税税率为 25%。该公司在 2011 年发生的亏损额还有 42 万元没有弥补。该公司提取盈余公积的比例为 15%。

（2）计算当年应当缴纳的企业所得税，并做出正确的会计处理。

（3）将本年实现的净利润进行结转。

（4）计提本年的盈余公积并进行会计处理。

（5）向投资者分派现金股利 50 万元。

（6）将"利润分配"账户的借方发生额进行结转。

三、【实训要求】

根据该公司实际发生的上述经济业务，编制正确的记账凭证。

第十二章　财务报告实训

一、【实训目的】

通过本次实训，基本上能够正确编制记账凭证、利润表和资产负债表。

二、【实训内容】

（1）广东燕塘公司的增值税税率为 17%，企业所得税税率为 25%。前期发生的亏损额未超过 5 年。

（2）广东燕塘公司的材料采用计划成本进行会计核算，库存商品、周转材料采用月末一次加权平均法结转成本，在月末进行一次性的销售成本结转工作。期初库存商品的数量为 34 698 个。

（3）每个季度预缴一次企业所得税。

（4）2016 年 11 月 30 日会计科目余额表如表 12-1 所示。

表 12-1　　　　　　　　　　　会计科目余额表　　　　　　　　　　单位：元

科目名称	借方金额	科目名称	贷方金额
库存现金	12 000	短期借款	1 200 000
银行存款	1 568 200	应付票据	965 500
其他货币资金	351 000	应付账款	2 095 000
交易性金融资产	30 000	其他应付款	2 000
应收票据	856 000	应付职工薪酬	560 000
应收账款	1 600 000	应交税费	159 800
坏账准备	−8 000	应付利息	2 000
预付账款	200 000	长期借款	2 000 000
其他应收款	5 600	其中一年内到期长期负债	150 000
材料采购	500 000	股本	9 300 000
原材料	1 100 000	盈余公积	206 000
周转材料（包装物）	8 500	利润分配（未分配利润）	−13 160
周转材料（低值易耗品）	12 000		
库存商品	2 775 840		
固定资产	5 000 000		

表12-1(续)

科目名称	借方金额	科目名称	贷方金额
累计折旧	-800 000		
在建工程	3 000 000		
无形资产	60 000		
长期待摊费用	350 000		
材料成本差异	6 000		
合计	16 627 140		16 627 140

(5) 2016 年 11 月 30 日应收账款明细表如表 12-2 所示。

表 12-2　　　　　　　　　　　应收账款明细表　　　　　　　　　单位：元

序号	公司名称	金额
1	广东 A 股份有限公司	936 000
2	广东 B 股份有限公司	234 000
3	广东 C 股份有限公司	430 000
	合计	1 600 000

(6) 2016 年 11 月 30 日应收票据明细表如表 12-3 所示。

表 12-3　　　　　　　　　　　应收票据明细表　　　　　　　　　单位：元

序号	公司名称	金额
1	广东甲股份有限公司	456 000
2	广东乙股份有限公司	400 000
	合计	856 000

(7) 2016 年 11 月 30 日其他应收款明细表如表 12-4 所示。

表 12-4　　　　　　　　　　　其他应收款明细表　　　　　　　　　单位：元

1	姓名	金额
2	张三	3 000
3	李四	2 600
	合计	5 600

（8）2016 年 11 月 30 日预付账款明细表如表 12-5 所示。

表 12-5　　　　　　　　　　　预付账款明细表　　　　　　　　　　单位：元

1	公司名称	金额
2	上海三环公司	150 000
3	山东四方公司	50 000
	合计	200 000

（9）2016 年 11 月 30 日应付票据明细表如表 12-6 所示。

表 12-6　　　　　　　　　　　应付票据明细表　　　　　　　　　　单位：元

1	公司名称	金额
2	上海三环公司	365 500
3	山东四方公司	600 000
	合计	965 500

（10）2016 年 11 月 30 日应付账款明细表如表 12-7 所示。

表 12-7　　　　　　　　　　　应付账款明细表　　　　　　　　　　单位：元

序号	公司名称	金额
1	上海三环公司	1 050 000
2	山东四方公司	850 000
3	广东甲股份有限公司	195 000
	合计	2 095 000

（11）2016 年 11 月 30 日其他应付账款明细表如表 12-8 所示。

表 12-8　　　　　　　　　　其他应付账款明细表　　　　　　　　单位：元

1	姓名	金额
2	王红	1 000
3	胡华	1 000
	合计	2 000

（12）所有分配率保留小数点后四位数。

（13）1~11 月有关损益类会计科目累计发生额表如表 12-9 所示。

表 12-9　　　　　　1~11 月有关损益类会计科目累计发生额表　　　　　　单位：元

序号	会计科目名称	1~11 月累计发生额
1	主营业务收入	3 590 000

表12-9（续）

序号	会计科目名称	1~11月累计发生额
2	其他业务收入	564 000
3	营业外收入	39 600
4	投资收益	20 000
5	主营业务成本	3 400 000
6	其他业务成本	456 280
7	税金及附加	254 000
8	营业外支出	16 480
9	所得税费用	0

（14）长期借款中有一笔是在2014年1月1日借入，借款金额为500 000元，借款期限为4年。

（15）2016年广东燕塘公司12月发生的经济业务如下：

①12月1日销售部张三报销差旅费2 600元，多余的款项退回公司财务部。

②12月1日销售产品一批给广东A股份有限公司，不含税的销售单价为180元，款项还没有收到，销售数量为5 000个。

③12月2日从上海三环公司采购材料一批，取得了增值税专用发票，入库的材料数量为5 000个，每个材料不含税的单价为20元，以银行存款支付顺丰物流公司运杂费1 000元，没有取得增值税专用发票，每个材料计划单位成本为21元，采购货款及税费用以前预付账款冲抵。

④12月3日从山东四方公司采购材料一批，取得了增值税专用发票，入库的材料数量为2 000个，每个材料不含税的单价为30元，以银行存款支付顺丰物流公司运费（不含增值税）930元，取得增值税专用发票，税率为11%。每个材料计划单位成本为28元，采购货款及税费用以前预付账款冲抵，冲抵后的差额用银行存款支付。

⑤12月5日以现金支付车间主任的差旅费600元。

⑥12月6日收到前期广东甲股份公司所欠的商业票据款456 000元，已办妥银行进账手续。

⑦12月6日生产车间为了生产某产品，从公司领用材料一批，共计材料（计划成本）425 000元。

⑧12月7日以银行存款向南方都市报支付广告费用3 000元，支付车间财产保险费用4 500元。

⑨12月8日向银行申请银行汇票一张，准备到山东四方公司采购材料一批，汇票金额200 000元，同时支付手续费50元。

⑩12月8日销售产品一批，销售数量为50个，不含税单价为100元，开具了增值税普通发票，对方以现金支付。

⑪12月9日以现金支付车间货车的过路费用120元，加油费用350元。

⑫12 月 10 日向山东四方公司采购的材料入库，取得了增值税专用发票，不含税的买价为 150 000 元，支付增值税 25 500 元，该批材料的计划成本为 145 000 元。多余的款项已经退回。

⑬12 月 10 日向广东丙公司采购材料一批，取得了增值税普通发票，价税合计 23 400 元，增值税税率为 17%，已经办理入库手续，该批材料的计划成本为 24 000 元。以银行存款支付款项。

⑭12 月 15 日购进不需要安装的生产设备一台，不含税的买价为 100 000 元，增值税专用发票上注明的税额为 17 000 元，款项已经支付，用该生产设备生产的产品是需要缴纳增值税的。

⑮12 月 20 日计提本月的人员工资 300 000 元，其中生产车间办公室人员工资 42 000 元，一线生产工人工资 223 000 元，管理部门人员工资 30 000 元，销售部门人员工资 5 000 元。

⑯计提本期的固定折旧费用 22 500 元，其中生产车间 20 000 元，销售部门 900 元，管理部门 1 600 元。

⑰归集本期发生的制造费用，并结转到生产成本中。

⑱计算并结转材料成本差异。

⑲本期投入的产品全部完工，完工产品数量为 8 900 个，并进行正确的会计处理。

⑳计算本期应缴纳的城市维护建设税（7%），教育费附加（3%），并做出适当的会计处理。

㉑计提本期的应收账款的坏账准备（计提比率为 0.5%）。

㉒结转本期的销售成本。

㉓归集本期损益类账户的发生额，并进行期末结转。

㉔计算出本期的利润额和本期应缴纳的企业所得税，并进行适当的会计处理。

㉕将本年实现的利润或亏损结转到利润分配账户中。

㉖请填写以下 12 月会计科目试算平衡表（见表 12-10）。

表 12-10　　　　　　　　　　12 月会计科目试算平衡表　　　　　　　　　　单位：元

序号	会计科目	借方发生额	贷方发生额
1	销售费用		
2	库存现金		
3	其他应收款		
4	应收账款		
5	主营业务收入		
6	应交税费（增值税）		
	应交税费（其他税）		
7	材料采购		
8	预付账款		

表12-10(续)

序号	会计科目	借方发生额	贷方发生额
9	材料成本差异		
10	银行存款		
11	原材料		
12	制造费用		
13	应收票据		
14	生产成本		
16	其他货币资金		
17	财务费用		
18	固定资产		
19	管理费用		
20	应付职工薪酬		
21	累计折旧		
22	税金及附加		
23	库存商品		
24	资产减值损失		
25	坏账准备		
26	主营业务成本		
27	本年利润		
28	所得税费用		
29	利润分配		
37	合计		

㉗请填写以下 2016 年 12 月利润表（见表12-11）。

表 12-11 　　　　　　　　　　　　　利润表

编制单位：广东燕塘公司　　　　　　　2016 年 12 月　　　　　　　　　　　　单位：元

项目	行次	本月数	本年累计数
一、营业收入	1		
减：营业成本	2		
税金及附加	3		
销售费用	4		
管理费用	5		
财务费用	6		

表12-11（续）

项目	行次	本月数	本年累计数
资产减值损失	7		
加：公允价值变动收益	8		
投资收益	9		
二、营业利润	10		
加：营业外收入	11		
减：营业外支出	12		
三、利润总额	13		
减：所得税费用	14		
四、净利润	15		

㉘请填写以下资产负债表（见表12-12）。

表 12-12

编制单位：广东燕塘公司　　　　　2016 年 12 月 31 日　　　　　单位：元

科目名称	期初余额	期末余额	科目名称	期初余额	期末余额
货币资金	1 931 200		短期借款	1 200 000	
交易性金融资产	30 000		应付票据	965 500	
应收票据	856 000		应付账款	2 095 000	
应收账款净额	1 592 000		其他应付款	2 000	
预付账款	200 000		应付职工薪酬	560 000	
其他应收款	5 600		应交税费	159 800	
存货	4 402 340		应付利息	2 000	
流动资产合计	9 017 140		其中一年内到期长期负债	150 000	
固定资产净值	4 200 000		流动负债合计	5 134 300	
在建工程	3 000 000		长期借款	2 000 000	
无形资产	60 000		非流动负债合计	2 000 000	
长期待摊费用	350 000		股本	9 300 000	
非流动资产合计	7 610 000		盈余公积	206 000	
			未分配利润	-13 160	
			所有者权益合计	9 492 840	
资产合计	16 627 140		负债及所有者权益合计	16 627 140	

三、【实训要求】

（1）根据 12 月份发生的经济业务，编制记账凭证。

（2）试算本月会计科目发生额平衡表，并填写 12 月会计科目试算平衡表。

（3）编制本月的利润表。

（4）编制资产负债表。

中级财务会计技能实训答案

第一章　总论实训答案

实训一答案：

（1）对以融资租赁方式租入的生产机器设备可以作为固定资产增加处理，但以经营租赁方式租入的卡车不能作为固定资产增加处理。

（2）因为不能满足销售收入确认的四个条件，所以不能确认为销售收入。

（3）收入是一种经常性活动，而职工迟到罚款是一种偶然性收入，因此不能确认为当期收入。

（4）按照企业会计准则的相关要求，对外捐赠款只能作为营业外支出处理。

（5）收到职工工作服押金计入"其他应付款"账户，因此构成企业的一项负债。

实训二答案：

法律主体是一个独立享受各项权利和承担各种义务的经济组织，符合有关法律规定的条件。一个生产企业是经过合法手续成立的一个经济组织，是依照国家有关法律规定成立的，既受国家有关法律保护，同时又要承担国家有关法律规定的义务，是一个真正的法律主体。企业内部的车间是没有经过国家有关规定成立的，只是企业保障企业各项生产经营活动的参与者，只是得到企业内部承认，但不受国家有关法律承认的，不是一个法律主体。因此，企业是一个法律主体，也是一个会计主体，但企业的每个车间只能是会计主体，不能是法律主体。

实训三答案：

按照企业会计准则的相关要求，对企业的无形资产和固定资产均计提减值准备、对存货期末计价采用成本与可变现净值孰低法、对应收款项按应收账款余额百分比法计提坏账准备，体现了谨慎性原则。

对于企业发生的某项支出，金额较小的，虽从支出收益期看可在若干个会计期间进行分摊，但企业将其一次性计入当期损益。企业这样处理是正确的，由于金额较小，不经过多期分摊，全部一次性计入当期损益，体现了实现重于形式的要求。

企业对以融资租赁方式租入的生产机器设备可以作为自有固定资产管理，计提固定资产折旧，体现了实质重于形式的要求。

对于以经营租赁方式租入的卡车这项固定资产在租赁期内每月均计提折旧是正确的，由于不会取得所有权，是不能计提固定资产折旧的，违背了实质重于形式的要求。

实训四答案：

1. D   2. B   3. A   4. B   5. B   6. B   7. B   8. B   9. C

实训五答案：

1. ABCD   2. ACD   3. AD   4. AB

第二章　资金岗位核算实训答案

实训一答案：

（1）借：其他货币资金	50 000
贷：银行存款	50 000
借：原材料	42 000
银行存款	8 000
贷：其他货币资金	50 000
（2）借：其他货币资金	80 000
贷：银行存款	80 000
借：原材料	60 000
应交税费——应交增值税——进项税额	10 200
银行存款	9 800
贷：其他货币资金	80 000
（3）借：其他货币资金	200 000
贷：银行存款	200 000
（4）借：其他货币资金	500 000
贷：银行存款	500 000
借：原材料	400 000
应交税费——应交增值税——进项税额	68 000
贷：其他货币资金	468 000
（5）借：其他货币资金	150 000
贷：银行存款	150 000
（6）借：原材料	100 000
应交税费——应交增值税——进项税额	17 000
银行存款	33 000
贷：其他货币资金	150 000

实训二答案:

（1）符合规定。
（2）不符合规定。
（3）符合规定。
（4）不符合规定。
（5）不符合规定。
（6）符合规定。
（7）符合规定。

实训三答案:

（1）借：库存现金   90 000
      贷：银行存款   90 000
（2）借：制造费用   800
      贷：银行存款   800
（3）借：应付职工薪酬   90 000
      贷：库存现金   90 000
（4）借：其他应收款——张兰   900
      贷：库存现金   900
（5）借：库存现金   2 340
      贷：主营业务收入   2 000
          应交税费——应交增值税——销项税额   340
（6）借：其他应收款——李宏   1 000
      贷：库存现金   1 000
借：销售费用——差旅费   850
   库存现金   150
   贷：其他应收款——李宏   1 000
（7）借：管理费用   600
      贷：库存现金   600
（8）借：待处理财产损溢   20
      贷：库存现金   20
借：其他应收款——李明   20
   贷：待处理财产损溢   20

实训四答案：

<table>
<tr><td colspan="4" style="text-align:center">银行存款余额调节表</td><td>单位：元</td></tr>
<tr><td>银行存款余额</td><td>362 500</td><td>银行对账单余额</td><td>368 200</td></tr>
<tr><td>加：银行已收企业未收</td><td>3 500</td><td>加：企业已收银行未收</td><td>5 000</td></tr>
<tr><td>减：银行已付企业未付</td><td>2 800</td><td>减：企业已付银行未付</td><td>10 000</td></tr>
<tr><td>调整后余额</td><td>363 200</td><td>调查后余额</td><td>363 200</td></tr>
</table>

实训五答案：

　　1. C　2. B　3. C　4. A　5. D　6. B　7. B　8. B　9. B　10. D

实训六答案：

　　1. ABD　2. ABCD　3. CD　4. BCD

第三章　金融资产实训答案

实训一答案：

　　（1）划入交易性金融资产。
　　（2）划入持有至到期投资。
　　（3）划入可供出售金融资产。
　　（4）划入交易性金融资产。

实训二答案：

　　借：交易性金融资产　　　　　　　　　　　　　　　　　10 500
　　　　投资收益　　　　　　　　　　　　　　　　　　　　　100
　　　　应收股利　　　　　　　　　　　　　　　　　　　　　500
　　　　贷：其他货币资金——存出投资款　　　　　　　　　　　　11 100

实训三答案：

　　借：交易性金融资产——成本　　　　　　　　　　　1 000 000
　　　　应收股利　　　　　　　　　　　　　　　　　　50 000
　　　　投资收益　　　　　　　　　　　　　　　　　　10 000
　　　　贷：其他货币资金——存出投资款　　　　　　　　　　1 060 000

借：银行存款	50 000
贷：应收股利	50 000
借：交易性金融资产——公允价值变动	120 000
贷：公允价值变动损益	120 000
借：公允价值变动损益	120 000
贷：投资收益	120 000
借：银行存款	30 000
贷：投资收益	30 000
借：银行存款	1 200 000
贷：交易性金融资产——成本	1 000 000
交易性金融资产——公允价值变动	120 000
投资收益	80 000

投资收益总额 = 80 000+120 000+30 000−10 000 = 220 000（元）

实训四答案：

借：交易性金融资产——成本	1 000 000
应收利息	20 000
投资收益	5 000
贷：其他货币资金——存出投资款	1 025 000
借：交易性金融资产——公允价值变动	60 000
贷：公允价值变动损益	60 000
借：公允价值变动损益	60 000
贷：投资收益	60 000
借：银行存款	40 000
贷：投资收益	40 000
借：银行存款	1 080 000
贷：交易性金融资产——成本	1 000 000
交易性金融资产——公允价值变动	60 000
投资收益	20 000

实训五答案：

借：持有至到期投资——成本	30 000 000
持有至到期投资——利息调整	832 650
贷：其他货币资金——存出投资款	30 832 650
借：应收利息	1 500 000
贷：投资收益	1 233 306
持有至到期投资——利息调整	266 694

借：应收利息　　　　　　　　　　　　　　　　　　　1 500 000
　　贷：投资收益　　　　　　　　　　　　　　　　　　　　1 222 638
　　　　持有至到期投资——利息调整　　　　　　　　　　　　277 362
借：应收利息　　　　　　　　　　　　　　　　　　　1 500 000
　　贷：投资收益　　　　　　　　　　　　　　　　　　　　1 211 406
　　　　持有至到期投资——利息调整　　　　　　　　　　　　288 594
借：银行存款　　　　　　　　　　　　　　　　　　　30 000 000
　　贷：持有至到期投资——成本　　　　　　　　　　　　30 000 000

实训六答案：

借：持有至到期投资——成本　　　　　　　　　　　　　　12 500
　　贷：其他货币资金——存出投资款　　　　　　　　　　　11 000.29
　　　　持有至到期投资——利息调整　　　　　　　　　　　1 499.71
借：应收利息　　　　　　　　　　　　　　　　　　　　　　625
　　持有至到期投资——利息调整　　　　　　　　　　　　255.023 2
　　贷：投资收益　　　　　　　　　　　　　　　　　　　　880.023 2
借：应收利息　　　　　　　　　　　　　　　　　　　　　　625
　　持有至到期投资——利息调整　　　　　　　　　　　　275.425 1
　　贷：投资收益　　　　　　　　　　　　　　　　　　　　900.425 1
借：应收利息　　　　　　　　　　　　　　　　　　　　　　625
　　持有至到期投资——利息调整　　　　　　　　　　　　297.459 1
　　贷：投资收益　　　　　　　　　　　　　　　　　　　　922.459 1
借：应收利息　　　　　　　　　　　　　　　　　　　　　　625
　　持有至到期投资——利息调整　　　　　　　　　　　　321.255 8
　　贷：投资收益　　　　　　　　　　　　　　　　　　　　946.255 8
借：应收利息　　　　　　　　　　　　　　　　　　　　　　625
　　持有至到期投资——利息调整　　　　　　　　　　　　350.546 9
　　贷：投资收益　　　　　　　　　　　　　　　　　　　　975.546 9
借：银行存款　　　　　　　　　　　　　　　　　　　　　12 500
　　贷：持有至到期投资——成本　　　　　　　　　　　　　12 500

实训七答案：

该票据的到期值 = 11 700+11 700×6/12×9% = 11 700+526.5 = 12 226.5（元）
借：应收票据　　　　　　　　　　　　　　　　　　　　11 700
　　贷：主营业务收入　　　　　　　　　　　　　　　　　　10 000
　　　　应交税费——应交增值税——销项税额　　　　　　　　1 700
借：应收票据　　　　　　　　　　　　　　　　　　　　　526.5
　　贷：财务费用　　　　　　　　　　　　　　　　　　　　　526.5

借：银行存款 12 226.5
　　贷：应收票据 12 226.5

实训八答案：

票据到期值 = 20 000×3%×3/12+20 000 = 20 150（元）
贴现息 = 20 150×6%×1/12 = 100.75（元）
贴现额 = 20 150−100.75 = 20 049.25（元）

借：应收票据 20 000
　　贷：主营业务收入 17 094.02
　　　　应交税费——应交增值税——销项税额 2 905.98
借：银行存款 20 049.25
　　贷：应收票据 20 000
　　　　财务费用 49.25

实训九答案：

（1）到期值 = 20 000×（30+31+28+31+15）×3%/360+20 000 = 20 225（元）
（2）贴现息 = 20 225×（15+31+28+31+15+3）×6%/360 = 414.61（元）
（3）贴现净额 = 20 225−414.61 = 19 810.39（元）

借：应收票据 20 000
　　贷：主营业务收入 17 094.02
　　　　应交税费——应交增值税——销项税额 2 905.98
借：银行存款 19 810.39
　　财务费用 189.61
　　贷：应收票据 20 000

实训十答案：

（1）借：应收账款 5 850 000
　　　　贷：应交税费——应交增值税——销项税额 850 000
　　　　　　主营业务收入 5 000 000
（2）借：坏账准备 10 000
　　　　贷：应收账款 10 000
（3）借：银行存款 8 000
　　　　贷：应收账款 8 000
借：应收账款 8 000
　　贷：坏账准备 8 000
（4）借：银行存款 400 000
　　　　贷：应收账款 400 000
（5）借：资产减值损失 29 200

贷：坏账准备	29 200

实训十一答案：

借：可供出售金融资产——成本	1 250 000
贷：银行存款	1 155 205
可供出售金融资产——利息调整	94 795
借：应收利息	100 000
可供出售金融资产——利息调整	15 521
贷：投资收益	115 521
借：银行存款	1 220 000
可供出售金融资产——利息调整	79 274
贷：可供出售金融资产——成本	1 250 000
投资收益	49 274

实训十二答案：

借：可供出售金融资产——成本	2 000 000
贷：银行存款	2 000 000
借：可供出售金融资产——公允价值变动	60 000
贷：资本公积	60 000
借：资本公积	140 000
贷：可供出售金融资产——公允价值变动	140 000
借：资本公积	320 000
贷：可供出售金融资产——公允价值变动	320 000
借：银行存款	1 900 000
投资收益	100 000
可供出售金融资产——公允价值变动	400 000
贷：可供出售金融资产——成本	2 000 000
资本公积	400 000

实训十三答案：

1. B 2. D 3. A 4. B 5. B 6. D 7. C

实训十四答案：

1. ACD 2. BC 3. AC 4. AB

第四章　存货及应付款项实训答案

实训一答案：

业务（1）存货增加 102 000 元。

业务（2）存货减少 100 000 元。

业务（3）存货增加 100 000 元。

因此，本月存货增加 = 102 000+100 000−100 000 = 102 000（元）

期末存货余额 = 200 000+102 000 = 302 000（元）

实训二答案：

（1）借：其他货币资金		300 000
贷：银行存款		300 000
（2）借：原材料		255 000
应交税费——应交增值税——进项税额		43 050
贷：其他货币资金		298 050
（3）借：银行存款		1 950
贷：其他货币资金		1 950
（4）借：原材料		102 702.7
应交税费——应交增值税——进项税额		17 297.3
贷：应付账款		120 000
（5）借：原材料		33 000
贷：应付账款——暂估应付账		33 000
借：应付账款——暂估应付款		33 000
贷：原材料		33 000
借：原材料		30 000
应交税费——应交增值税——进项税额		5 100
贷：银行存款		35 100
（6）借：原材料		117 000
贷：银行存款		117 000
（7）借：原材料		5 825.24
应交税费——应交增值税——进项税额		174.76
贷：银行存款		6 000

实训三答案：

（1）借：材料采购		70 400
应交税费——应交增值税——进项税额		11 968

> 贷：应付账款 82 368

借：原材料 68 600

> 贷：材料采购 68 600

借：材料成本差异 1 800

> 贷：材料采购 1 800

2. 借：材料采购 80 000

应交税费——应交增值税——进项税额 13 600

> 贷：应付票据 93 600

借：原材料 72 000

材料成本差异 8 000

> 贷：材料采购 80 000

实训四答案：

（1）按先进先出法计算如下：

表 4-1 某公司 2016 年 1 月库存 A 商品明细账（部分）

2014 年		凭证编号	摘要	收入			发出			结存		
月	日			数量（千克）	单价（元）	金额（元）	数量（千克）	单价（元）	金额（元）	数量（千克）	单价（元）	金额（元）
1	1	略	期初余额							500	12	6 000
	5		购入	800	14	11 200				1 300		17 200
	12		发出				900		11 600	400		5 600
	15		发出				200		2 800	200		2 800
	28		购入	600	17	10 200				800		13 000
	29		发出				300		4 500	500		8 500

12 日发出材料成本＝500×12＋400×14＝6 000＋5 600＝11 600（元）

12 日结存材料成本＝14×400＝5 600（元）

15 日发出材料成本＝14×200＝2 800（元）

29 日发出材料成本＝14×200＋100×17＝4 500（元）

29 日结存材料成本＝500×17＝8 500（元）

（2）按月末一次加权平均法计算如下：

存货平均单价＝（500×12＋800×14＋600×17）／（500＋800＋600）

＝27 400/1 900＝14.421 1（元）

发出材料的成本＝（900＋200＋300）×14.421 1＝20 189.54（元）

结转材料的成本＝27 400－20 189.54＝7 210.46（元）

（3）按移动加权平均法计算如下：

第一次加权平均成本＝（500×12＋800×14）／（500＋800）

＝17 200/1 300

＝13.230 8（元）

12 日发出材料成本 = 13.230 8×900 = 11 907.72（元）

15 日发出材料成本 = 13.230 8×200 = 2 646.16（元）

第二次加权平均成本 =（500×12+800×14-11 907.22-2 646.16+600×17）/（200+600）= 12 846.12/800 = 16.057 7（元）

29 日发出材料成本 = 300×16.057 7 = 4 817.31（元）

月底结存材料成本 = 12 846.12-4 817.31 = 8 028.81（元）

实训五答案：

（1）

①借：材料采购　　　　　　　　　　　　　　　　　16 905

　　应交税费——应交增值税——进项税额　　　　　2 849.55

　　贷：银行存款　　　　　　　　　　　　　　　　　　19 754.55

借：原材料　　　　　　　　　　　　　　　　　　　15 000

　　材料成本差异　　　　　　　　　　　　　　　　1 905

　　贷：材料采购　　　　　　　　　　　　　　　　　　16 905

②借：材料采购　　　　　　　　　　　　　　　　　27 500

　　应交税费——应交增值税——进项税额　　　　　4 590

　　贷：应付账款　　　　　　　　　　　　　　　　　　32 090

借：原材料　　　　　　　　　　　　　　　　　　　30 000

　　贷：材料成本差异　　　　　　　　　　　　　　　　2 500

　　　材料采购　　　　　　　　　　　　　　　　　　27 500

③借：材料采购　　　　　　　　　　　　　　　　　24 000

　　应交税费——应交增值税——进项税额　　　　　4 080

　　贷：银行存款　　　　　　　　　　　　　　　　　　28 080

④借：原材料　　　　　　　　　　　　　　　　　　18 500

　　贷：材料采购　　　　　　　　　　　　　　　　　　18 500

借：其他应收款　　　　　　　　　　　　　　　　　1 800

　　贷：材料采购　　　　　　　　　　　　　　　　　　1 800

借：材料成本差异　　　　　　　　　　　　　　　　3 700

　　贷：材料采购　　　　　　　　　　　　　　　　　　3 700

（2）材料成本差异率 =（-800+1 905-2 500+3 700）/（20 000+15 000+30 000+18 500）

　　　　　　　　　 = 2 305/83 500 = 0.027 6

（3）发出材料应承担的材料成本差异 = 143.52（元）

借：生产成本　　　　　　　　　　　　　　　　　　52 143.52

　　贷：原材料　　　　　　　　　　　　　　　　　　　52 000

　　　材料成本差异　　　　　　　　　　　　　　　　143.52

实训六答案:

借:资产减值损失	3 000
贷:存货跌价准备	3 000
借:资产减值损失	4 000
贷:存货跌价准备	4 000
借:存货跌价准备	4 500
贷:资产减值损失	4 500
借:存货跌价准备	2 500
贷:资产减值损失	2 500

实训七答案:

1. B　2. B　3. A　4. D　5. C　6. C　7. A　8. A

实训八答案:

1. ABCD　2. ABC　3. BCD　4. BCD　5. AB

第五章　长期股权投资实训答案

实训一答案:

(1) 借:长期股权投资——成本	1 100 000
贷:银行存款	1 100 000
(2) 借:长期股权投资——成本	1 127 500
贷:银行存款	1 100 000
营业外收入	27 500

实训二答案:

(1) 借:长期股权投资——成本	1 800 000
贷:银行存款	1 650 000
营业外收入	150 000
借:长期股权投资——损益调整	450 000
贷:投资收益	450 000
借:应收股利	300 000
贷:长期股权投资——损益调整	300 000
借:投资收益	600 000
贷:长期股权投资——损益调整	600 000

（2）2014 年年末长期股权投资的账面价值＝180+45＝225（万元）

2015 年年末长期股权投资的账面价值＝225-30-60＝135（万元）

实训三答案：

借：长期股权投资——成本	1 200
贷：银行存款	1 200

2014 年年末不进行账务处理。

借：应收股利	120
贷：投资收益	120
借：银行存款	120
贷：应收股利	120

2015 年亏损，不进行账务处理。

借：银行存款	800
投资收益	400
贷：长期股权投资	1 200

实训四答案：

1. A　2. B　3. D　4. A　5. C

实训五答案：

1. AB　2. ABD　3. AB

第六章　固定资产实训答案

实训一答案：

厂房、各车间的生产设备、各车间的电风扇、以经营租赁方式租入的仓库归类为生产经营用的固定资产；办公楼、职工宿舍、办公设备、办公室的电风扇为非生产经营用设备。

实训二答案：

借：工程物资	585 000
贷：银行存款	585 000
借：在建工程	585 000
贷：工程物资	585 000
借：在建工程	35 100
贷：原材料	30 000
应交税费——应交增值税——进项税额转出	5 100

借：在建工程	291 000
贷：库存商品	240 000
应交税费——应交增值税——销项税额	51 000
借：在建工程	150 000
贷：应付职工薪酬	150 000
借：固定资产	1 061 100
贷：在建工程	1 061 100

实训三答案：

借：在建工程	1 200 000
贷：银行存款	1 200 000
借：在建工程	800 000
贷：银行存款	800 000
借：固定资产	2 000 000
贷：在建工程	2 000 000

实训四答案：

（1）借：固定资产	800 000
应交税费——应交增值税——进项税额	136 000
贷：银行存款	936 000
（2）借：固定资产	20 000
应交税费——应交增值税——进项税额	3 400
贷：银行存款	23 400
（3）借：固定资产	12 000
贷：应付账款	12 000
（4）借：固定资产	20 000
应交税费——应交增值税——进项税额	600
贷：银行存款	20 600
（5）借：固定资产	10 000
应交税费——应交增值税——进项税额	1 700
贷：银行存款	11 700
（6）借：固定资产	2 340 000
贷：应付票据	2 340 000
（7）借：工程物资	5 850 000
贷：银行存款	5 850 000
（8）借：在建工程	117 000
贷：原材料	100 000
应交税费——应交增值税——进项税额转出	17 000

（9）借：在建工程   365 000

    贷：应付职工薪酬   200 000

        银行存款   165 000

（10）借：在建工程   600 000

        应交税费——应交增值税——进项税额   102 000

    贷：应付票据   702 000

借：在建工程   78 500

  贷：原材料   50 000

      应交税费——应交增值税——进项税额转出   8 500

      应付职工薪酬   20 000

（11）借：在建工程   2 415 400

     累计折旧   234 600

    贷：固定资产   2 650 000

借：银行存款   100 000

  贷：在建工程   100 000

借：在建工程   500 000

  贷：银行存款   500 000

借：固定资产   2 815 400

  贷：在建工程   2 815 400

实训五答案：

正在运转的机器设备、经营租赁租出的机器设备、季节性停用的机器设备、融资租赁租入的机器设备、闲置的仓库是需要计提折旧的。已提足折旧仍继续使用的机器设备是不需要计提折旧的。

实训六答案：

（1）借：在建工程   95 000

    贷：银行存款   95 000

借：在建工程   23 400

  贷：原材料   20 000

     应交税费——应交增值税——进项税额转出   3 400

借：在建工程   3 200

  贷：银行存款   3 200

借：固定资产   121 600

  贷：在建工程   121 600

（2）①按平均年限法计算如下：

年折旧额＝（121 600＋3 000－2 000）/5＝24 520（元）

②按年限总和法计算如下：

第一年折旧率＝5/15＝1/3

2016 年折旧额＝（121 600+3 000-2 000）×1/3/12×9＝30 650（元）

第二年折旧率＝4/15＝0.266 7

2017 年折旧额＝（121 600+3 000-2 000）×1/3/12×3+（121 600+3 000-2 000）× 0.266 7/12×9＝10 216.67+24 523.07＝34 739.74（元）

第三年折旧率＝3/15＝0.2

2018 年折旧额＝（121 600+3 000-2 000）×0.266 7/12×3-19 714.68+（121 600+ 3 000-2 000）×0.2/12×9＝8 174.36+18 390＝26 564.36（元）

第四年折旧率＝2/15＝0.133 3

2019 年折旧额＝（121 600+3 000-2 000）×0.2/12×3+（121 600+3 000-2 000）× 0.133 3/12×9＝6 130+12 256.94＝18 386.94（元）

第五年折旧率＝1/15＝0.066 7

2020 年折旧额＝（121 600+3 000-2000）×0.133 3/12×3+（121 600+3 000-2 000）×0.066 7/12×9＝4 085.65+6 133.07＝10 218.72（元）

2021 年折旧额＝121 600+3 000-2 000-30 650-34 739.74-26 564.36-18 386.94- 10 218.72＝2 040.24（元）

③按双倍余额法计算如下：

年折旧率＝1/5×2＝0.4

第一年折旧额＝122 600×0.4＝49 040（元）

第二年折旧额＝（122 600-49 040）×0.4＝29 424（元）

第三年折旧额＝（122 600-49 040-29 424）×0.4＝17 654.4（元）

第四年、第五年折旧额＝（122 600-49 040-29 424-17 654.4）/2＝13 240.8（元）

2016 年折旧额＝49 040/12×9＝36 780（元）

2017 年折旧额＝49 040/12×3+29 424/12×9＝12 260+22 068＝34 328（元）

2018 年折旧额＝29 424/12×3+17 654.4/12×9＝7 356+13 240.8＝20 596.8（元）

2019 年折旧额＝17 654.4/12×3+13 240.8/12×9＝4 413.6+9 930.6＝14 344.2（元）

2020 年折旧额＝（122 600-49 040-29 424-17 654.4）/2＝13 240.8（元）

2021 年折旧额＝（122 600-49 040-29 424-17 654.4）/2/12×3＝3 310.2（元）

实训七答案：

借：管理费用 20 000

销售费用 6 200

贷：应付职工薪酬 20 000

银行存款 6 200

实训八答案：

固定资产已经计提折旧额＝（4 520 000-25 000+38 000）/25×4＝725 280（元）

借：在建工程	3 794 720
累计折旧	725 280
贷：固定资产	4 520 000
借：银行存款	45 300
贷：在建工程	45 300
借：在建工程	234 000
贷：银行存款	234 000
借：在建工程	586 000
贷：银行存款	586 000
借：固定资产	4 569 420
贷：在建工程	4 569 420

实训九答案：

（1）借：固定资产清理	280 000
累计折旧	20 000
贷：固定资产	300 000
借：银行存款	290 000
贷：固定资产清理	290 000
借：固定资产清理	1 000
贷：银行存款	1 000
借：固定资产清理	9 000
贷：营业外收入	9 000
（2）借：固定资产清理	190 000
累计折旧	80 000
固定资产减值准备	30 000
贷：固定资产	300 000
借：银行存款	90 000
贷：固定资产清理	90 000
借：银行存款	3 200
贷：固定资产清理	3 200
借：营业外支出	96 800
贷：固定资产清理	96 800

实训十答案：

（1）借：待处理财产损溢	4 800
累计折旧	5 000
贷：固定资产	9 800
借：营业外支出	4 800

贷：待处理财产损溢	4 800
（2）借：固定资产	60 000
贷：以前年度损益调整	60 000
借：以前年度损益调整	15 000
贷：应交税费——应交所得税	15 000
借：以前年度损益调整	45 000
贷：利润分配——未分配利润	45 000

实训十答案：

1. B　2. C　3. D 4. A　5. B　6. D　7. D　8. B　9. C　10. A

实训十一答案：

1. AB　2. ABD　3. ABCD　4. ABC　5. CD　6. ABC

第七章　无形资产实训答案

实训一答案：

（1）不能确认为无形资产。

（2）按照现行企业会计准则的规定，计入随同购进的固定资产价值中，不需要单独确认为无形资产。

（3）可以确认为无形资产。

（4）可以确认为无形资产。

（5）在研发产品成功之前，不能确认为无形资产。

实训二答案：

（1）借：研发支出——资本性支出	3 650 000
研发支出——费用性支出	1 150 000
贷：原材料	1 000 000
应付职工薪酬	550 000
累计折旧	250 000
银行存款	3 000 000
（2）借：研发支出——资本性支出	430 000
贷：原材料	200 000
应付职工薪酬	100 000
累计折旧	50 000
银行存款	80 000

（3）借：无形资产 4 115 000

　　贷：研发支出——资本性支出 4 080 000

　　　银行存款 35 000

（4）借：无形资产 1 030 000

　　贷：银行存款 1 030 000

实训三答案：

（1）借：无形资产 5 000 000

　　贷：银行存款 5 000 000

（2）借：管理费用 625 000

　　贷：累计摊销 625 000

（3）借：管理费用 625 000

　　贷：累计摊销 625 000

实训四答案：

2014 年、2015 年每年摊销金额＝500/10＝50（万元）

2016 年摊销金额为 500/10/12×2＝8.333 3（万元）

2014 年账务处理如下：

借：无形资产 5 000 000

　贷：银行存款 5 000 000

借：管理费用 500 000

　贷：累计摊销 500 000

2015 年账务处理如下：

借：管理费用 500 000

　贷：累计摊销 500 000

2016 年账务处理如下：

借：管理费用 83 333

　贷：累计摊销 83 333

借：银行存款 2 000 000

　累计摊销 1 083 333

　营业外支出 2 031 667

　贷：无形资产 5 000 000

　　应交税费——应交增值税——销项税额 120 000

第八章　借款费用实训

实训一答案：

2015 年专门借款利息金额 = 3 500×6%+6 000×7%×6/12 = 420（万元）

2016 年专门借款发生的利息金额 = 3 500×6%+6 000×7% = 630（万元）

2015 年短期投资收益 = 500×0.4%×6+2 500×0.4%×6 = 72（万元）

2016 年短期投资收益 = 500×0.4%×6 = 12（万元）

2015 年资本化金额 420-72 = 348（万元）

2016 年资本化金额 630-12 = 618（万元）

2015 年 12 月 31 日账务处理如下：

借：在建工程		3 480 000
应收利息或银行存款		720 000
贷：应付利息		4 200 000

2016 年 12 月 31 日账务处理如下：

借：在建工程		6 180 000
应收利息或银行存款		120 000
贷：应付利息		6 300 000
借：固定资产		9 660 000
贷：在建工程		9 660 000

实训二答案：

一般性借款利率 =（4 000×7%+5 000×9%）/（4 000+5 000）= 8.111 1%

计算累计资产支出加权平均数如下：

2015 年累计资产支出加权平均数 = 2 000×12/12+3 000×6/12 = 3 500（万元）

2016 年累计资产支出加权平均数 = 8 000×12/12+1 000×6/12 = 8 500（万元）

2015 年利息资本化金额 = 3 500×8.111 1% = 283.888 5（万元）

2015 年实际发生一般借款利息金额 = 4 000×7%+5 000×9% = 730（万元）

2016 年利息资本化金额 = 8 500×8.111 1% = 689.443 5（万元）

2016 年实际发生一般借款利息金额 = 4 000×7%+5 000×9% = 730（万元）

2015 年 12 月 31 日会计处理如下：

借：在建工程		2 838 885
财务费用		4 461 115
贷：应付利息		7 300 000

2016 年 12 月 31 日会计处理如下：

借：在建工程	6 894 435
财务费用	405 565
贷：应付利息	7 300 000

实训三答案：

1. ABCD 2. ABC 3. ABCD

第九章 负债实训答案

实训一答案：

利息分摊一览表　　　　　　　　单位：万元

付息日期	支付利息 （1）=面值×10%	利息费用 （2）= 上期（4）×8%	摊销的利息调整 （3）= （1）-（2）	应付债券摊余成本 （4）=上期（4）-（3）
2014 年 12 月 31 日	20	16.824 2	3.175 8	207.126 2
2015 年 12 月 31 日	20	16.570 1	3.429 9	203.696 3
2016 年 12 月 31 日	20	16.303 7	3.696 3	200
合计			10.302	

2014 年会计业务处理如下：

借：银行存款	2 103 020
贷：应付债券——面值	2 000 000
应付债券——溢价	103 020
借：财务费用	168 242
应付债券——溢价	31 758
贷：应付利息	200 000
借：应付利息	200 000
贷：银行存款	200 000

2015 年会计业务处理如下：

借：财务费用	165 701
应付债券——溢价	34 299
贷：应付利息	200 000
借：应付利息	200 000
贷：银行存款	200 000

2016 年会计业务处理如下：

借：财务费用	163 037
应付债券——溢价	36 963
贷：应付利息	200 000

借：应付利息   200 000
    应付债券——面值   2 000 000
    贷：银行存款   2 200 000

实训二答案：

利息分摊一览表   单位：万元

付息日期	支付利息 （1）＝面值×8%	利息费用 （2）＝ 上期（4）×10%	摊销的利息调整 （3）＝ （2）－（1）	应付债券摊余成本 （4）＝ 上期（4）＋（3）
2014 年 12 月 31 日	16	19.005	3.005	193.055 4
2015 年 12 月 31 日	16	19.305 5	3.305 5	196.361 0
2016 年 12 月 31 日	16	19.639 1	3.639 1	200
合计				

2014 年会计业务处理如下：
借：银行存款   1 900 504
    应付债券——折价   99 496
    贷：应付债券——面值   2 000 000
借：财务费用   190 050
    贷：应付利息   160 000
        应付债券——折价   30 050
借：应付利息   160 000
    贷：银行存款   160 000

2015 年会计业务处理如下：
借：财务费用   193 055
    贷：应付利息   160 000
        应付债券——折价   33 055
借：应付利息   160 000
    贷：银行存款   160 000

2016 年会计业务处理如下：
借：财务费用   196 391
    贷：应付利息   160 000
        应付债券——折价   36 391
借：应付利息   160 000
    应付债券——面值   2 000 000
    贷：银行存款   2 160 000

实训三答案：

2014 年会计业务处理如下：

借：银行存款   2 000 000
　　贷：应付债券——面值   2 000 000
借：财务费用   200 000
　　贷：应付利息   200 000
借：应付利息   200 000
　　贷：银行存款   200 000

2015 年会计业务处理如下：

借：财务费用   200 000
　　贷：应付利息   200 000
借：应付利息   200 000
　　贷：银行存款   200 000

2016 年会计业务处理如下：

借：财务费用   200 000
　　贷：应付利息   200 000
借：应付利息   200 000
　　　应付债券——面值   2 000 000
　　贷：银行存款   2 200 000

实训四答案：

代扣水电明细表如下：

部门	姓名	用水量（吨）	单价（元/吨）	金额（元）	用电量（度）	单价（元/度）	金额（元）	合计（元）
财务部	李一	5	2.85	14.25	50	0.65	32.5	46.75
采购部	张一	6	2.85	17.1	50	0.65	32.5	49.6
人事部	王一	5	2.85	14.25	40	0.65	26	40.25
	王二	4	2.85	11.4	40	0.65	26	37.4
工程开发部	万一	5	2.85	14.25	80	0.65	52	66.25
	万二	6	2.85	17.1	80	0.65	52	69.1
车间办公室	陈一	8	2.85	22.8	50	0.65	32.5	55.3
	陈二	4	2.85	11.4	80	0.65	52	63.4
车间生产线	董一	5	2.85	14.25	60	0.65	39	53.25
	董二	5	2.85	14.25	50	0.65	32.5	46.75

表(续)

部门	姓名	用水量（吨）	单价（元/吨）	金额（元）	用电量（度）	单价（元/度）	金额（元）	合计（元）
销售部	汤一	5	2.85	14.25	60	0.65	39	53.25
	汤二	4	2.85	11.4	40	0.65	26	37.4

制表：　　　　　　　　　　　　　　　审核：

代扣"五险"明细表如下：

部门	姓名	计提基数	工伤保险（0）	养老保险（8%）	医疗保险（2%）	生育保险（0）	失业保险（0.1%）	合计
财务部	李一	10 700		856	214		10.7	1 080.7
	李二	6 700		536	134		6.7	676.7
小计		17 400		1 392	348		17.4	1 757.4
采购部	张一	5 200		416	104		5.2	525.2
	张二	4 450		356	89		4.45	449.45
小计		9 650		772	193		9.65	974.65
人事部	王一	7 100		568	142		7.1	717.1
	王二	5 060		404.8	101.2		5.06	511.06
小计		12 160		972.8	243.2		12.16	1 228.16
工程开发部	万一	7 800		624	156		7.8	787.8
	万二	7 350		588	147		7.35	742.35
小计		15 150		1 212	303		15.15	1 530.15
车间办公室	陈一	9 900		792	198		9.9	999.9
	陈二	7 960		636.8	159.2		7.96	803.96
小计		17 860		1 428.8	357.2		17.86	1 083.86
车间生产线	董一	3 550		284	71		3.55	358.55
	董二	3 550		284	71		3.55	358.55
	董三	3 550		284	71		3.55	358.55
	董四	3 550		284	71		3.55	358.55
小计		14 200		1 136	284		14.2	1 434.2
销售部	汤一	3 100		248	62		3.1	313.1
	汤二	3 100		248	62		3.1	313.1
小计		6 200		496	124		6.2	626.2
总计		92 620		7 409.6	1 852.4		92.62	9 354.62

制表：　　　　　　　　　　　　　　　审核：

2014 年 8 月工资表 　　单位：元

部门	姓名	基本工资	职务工资	岗位工资	奖金	交通补贴	误餐补贴	应发合计	事假扣款	病假扣款	迟到扣款	旷工扣款	代扣水电费	代扣五险	代扣个税	扣款合计	实发合计
财务部	李一	8 000	1 000	500	600	400	200	10 700		147.59		491.95	46.75	1 080.7	540.95	2 307.94	8392.06
	李二	4 800	800	300	200	400	200	6 700	308.05		40.00			676.7	112.53	1 137.28	5562.72
小计		12 800	1 800					17 400	308.05			491.95	46.75	1 757.4	653.48		13954.78
采购部	张一	3 500	600	200	300	400	200	5 200				239.08	49.6	525.2	28.07	841.95	4358.05
	张二	3 000	500	150	200	400	200	4 450	409.20		160.00			449.45	0	1 018.65	3431.35
小计		6 500	1 100					9 650	409.20			239.08	49.6	974.65	28.07		7789.40
人事部	王一	5 000	700	300	500	400	200	7 100	1 305.75				40.25	717.1	47.31	2 110.41	4989.59
	王二	3 600	500	120	240	400	200	5 060	465.29				37.4	511.06	17.51	1 031.26	4 028.74
小计		8 600	1 200					12 160	1 771.04				77.65	1 228.16	64.82		9018.33
工程开发部	万一	6 000	500	400	300	400	200	7 800	717.24				66.25	787.8	174.5	1 745.79	6054.21
	万二	5 500	500	350	400	400	200	7 350	675.86		1 013.79		69.1	742.35	42.54	2 543.65	4806.35
小计		11 500	1 000					15 150	1 393.10				135.35	1 530.15	217.04		10860.56
车间办公室	陈一	8 000	600	300	400	400	200	9 900	2 275.86				55.3	999.9	69.85	3 400.91	6499.09
	陈二	6 500	550	250	60	400	200	7 960	1 463.91	731.95	80.00		63.4	803.96	41.41	3 184.63	4775.37
小计		14 500	1 150					17 860	3 739.77				118.7	1 803.86	111.26		11274.46
车间生产线	董一	2 500	200	150	100	400	200	3 550	489.66		80.00		53.25	358.55	0	981.46	2568.54
	董二	2 500	200	150	100	400	200	3 550	326.44				46.75	358.55		731.74	2818.26
	董三	2 500	200	150	100	400	200	3 550						358.55		358.55	3191.45
	董四	2 500	200	150	100	400	200	3 550						358.55		1 174.64	2375.36
小计		10 000	800					14 200					100	1434.2			10953.62
销售部	汤一	2 000	200	300	0	400	200	3 100	285.06				53.25	313.1	0	651.41	2448.59
	汤二	2 000	200	300	0	400	200	3 100	570.11				37.4	313.1	0	920.61	2179.39
小计		4 000	400					6 200	855.17				90.65	626.2			4627.98
总计		67 900	7 450					92 620	9 292.43	879.54	1 373.79	731.03	618.7	9 354.62	1 074.67	24 140.87	68479.13

计提"五险一金"表 　　单位：元

部门	姓名	基本工资	职务工资	岗位工资	奖金	交通补贴	误餐补贴	应发合计	工伤保险(0.4%)	养老保险(12%)	医疗保险(7%)	生育保险(0.85%)	失业保险(0.2%)	合计
财务部	李一	8 000	1 000	500	600	400	200	10 700	42.80	1 284.00	749.00	90.95	21.4	2 188.15
	李二	4 800	800	300	200	400	200	6 700	26.80	804.00	469.00	56.95	13.4	1 370.15
小计		12 800	1 800					17 400	69.60	2 088.00	1 218.00	147.90	34.8	3 558.30
采购部	张一	3 500	600	200	300	400	200	5 200	20.80	624.00	364.00	44.20	10.4	1 063.40
	张二	3 000	500	150	200	400	200	4 450	17.80	534.00	311.50	37.83	8.9	910.03
小计		6 500	1 100					9 650	38.60	1 158.00	675.50	82.03	19.3	1 973.43
人事部	王一	5 000	700	300	500	400	200	7 100	28.40	852.00	497.00	60.35	14.2	1 451.95
	王二	3 600	500	120	240	400	200	5 060	20.24	607.20	354.20	43.01	10.12	1 034.77
小计		8 600	1 200					12 160	48.64	1 459.20	851.20	103.36	24.32	2 486.72
工程开发部	万一	6 000	500	400	300	400	200	7 800	31.20	936.00	546.00	66.30	15.6	1 595.10
	万二	5 500	500	350	400	400	200	7 350	29.40	882.00	514.50	62.48	14.7	1 503.08
小计		11 500	1 000					15 150	60.60	1 818.00	1 060.50	128.78	30.3	3 098.18
车间办公室	陈一	8 000	600	300	400	400	200	9 900	39.60	1 188.00	693.00	84.15	19.8	2 024.55
	陈二	6 500	550	250	60	400	200	7 960	31.84	955.20	557.20	67.66	15.92	1 627.82
小计		14 500	1 150					17 860	71.44	2 143.20	1 250.20	151.81	35.72	3 652.37

表（续）

部门	姓名	基本工资	职务工资	岗位工资	奖金	交通补贴	误餐补贴	应发合计	工伤保险(0.4%)	养老保险(12%)	医疗保险(7%)	生育保险(0.85%)	失业保险(0.2%)	合计
车间生产线	董一	2 500	200	150	100	400	200	3 550	14.20	426.00	248.50	30.18	7.1	725.98
	董二	2 500	200	150	100	400	200	3 550	14.20	426.00	248.50	30.18	7.1	725.98
	董三	2 500	200	150	100	400	200	3 550	14.20	426.00	248.50	30.18	7.1	725.98
	董四	2 500	200	150	100	400	200	3 550	14.20	426.00	248.50	30.18	7.1	725.98
小计		10 000	800					14 200	56.80	1 704.00	994.00	120.70	28.4	2 903.90
销售部	汤一	2 000	200	300	0	400	200	3 100	12.40	372.00	217.00	26.35	6.2	633.95
	汤二	2 000	200	300	0	400	200	3 100	12.40	372.00	217.00	26.35	6.2	633.95
小计		4 000	400					6 200	24.80	744.00	434.00	52.70	12.4	1 267.90
总计		67 900	7 450					92 620	370.48	11 114.40	6 483.40	787.27	185.24	18 940.79

计提工资账务处理如下：

借：生产成本　　　　　　　　　　　　　　　　　　　　13 303.90

制造费用　　　　　　　　　　　　　　　　　　　13 308.28

管理费用　　　　　　　　　　　　　　　　　　　48 386.20

销售费用　　　　　　　　　　　　　　　　　　　5 344.83

贷：应付职工薪酬——工资　　　　　　　　　　　　　80 343.21

计提"五险一金"账务处理如下：

借：生产成本　　　　　　　　　　　　　　　　　　　　2 903.90

制造费用　　　　　　　　　　　　　　　　　　　3 652.37

管理费用　　　　　　　　　　　　　　　　　　　11 116.62

销售费用　　　　　　　　　　　　　　　　　　　1 267.90

贷：应付职工薪酬——五险一金　　　　　　　　　　　18 940.79

代扣"五险一金"账务处理如下：

借：应付职工薪酬　　　　　　　　　　　　　　　　　　9 354.62

贷：其他应付款　　　　　　　　　　　　　　　　　　9 354.62

代扣水电费账务处理如下：

借：应付职工薪酬　　　　　　　　　　　　　　　　　　618.7

贷：其他应付款　　　　　　　　　　　　　　　　　　618.7

代扣个人税费账务处理如下：

借：应付职工薪酬　　　　　　　　　　　　　　　　　　1 074.67

贷：应交税费——应交个人所得税　　　　　　　　　1 074.67

实训五答案：

（1）借：原材料　　　　　　　　　　　　　　　　　　200 000

应交税费——应交增值税——进项税额　　　34 000

贷：银行存款　　　　　　　　　　　　　　　　234 000

（2）借：原材料　　　　　　　　　　　　　　　　　　4 200

贷：应付账款　　　　　　　　　　　　　　　　4 200

（3）借：原材料 58 500

　　贷：银行存款 58 500

（4）借：原材料 4 000

　　　应交税费——应交增值税——进项税额 120

　　贷：应付账款 4 120

（5）借：固定资产 80 000

　　　应交税费——应交增值税——进项税额 13 600

　　贷：应付票据 93 600

（6）借：在建工程 5 850

　　贷：原材料 5 000

　　　　应交税费——应交增值税——进项税额转出 850

（7）借：营业外支出 2 000

　　贷：原材料 2 000

（8）借：在建工程 351 000

　　贷：应付票据 351 000

（9）借：银行存款 351 000

　　贷：主营业务收入 300 000

　　　　应交税费——应交增值税——销项税额 51 000

（10）借：银行存款 702 000

　　　贷：主营业务收入 700 000

　　　　　应交税费——应交增值税——销项税额 102 000

（11）借：管理费用 7 020

　　　　销售费用 4 680

　　　贷：主营业务收入 10 000

　　　　　应交税费——应交增值税——销项税额 1 700

（12）借：营业外支出 4 620

　　　贷：库存商品 3 600

　　　　　应交税费——应交增值税——销项税额 1 020

（13）借：长期股权投资 234 000

　　　贷：主营业务收入 200 000

　　　　　应交税费——应交增值税——销项税额 34 000

本月应交增值税＝34 000＋1 020＋1 700＋102 000＋51 000＋850－13 600－120－34 000
　　　　　　　　＝142 850（元）

本月应交的城市维护建设税＝142 850×7%＝9 999.5（元）

本月应交的教育费附加＝142 850×3%＝4 285.5（元）

借：税金及附加 14 285

　贷：应交税费——应交城市维护建设税 9 999.5

　　　应交税费——教育费附加 4 285.5

实训六答案：

1. B 2. C 3. C 4. A 5. B 6. A 7. B 8. A

实训七答案：

1. ABCD 2. AB 3. ABCD 4. BCD 5. BC

第十章 收入、费用、利润实训答案

实训一答案：

2010—2016 年不需要缴纳企业所得税。

2017 年需要缴纳企业所得税＝（65−15−2）×0.25＝12（万元）

借：所得税费用   120 000

    贷：应交税费——应交企业所得税   120 000

2018 年第一季度需要缴纳企业所得税＝20×0.25＝5（万元）

借：所得税费用   50 000

    贷：应交税费——应交企业所得税   50 000

实训二答案：

财务费用和已收本金计算表   单位：万元

年份	未收本金（1）	财务费用（2）＝（1）×实际利率	收现总额（3）	已收本金（4）＝（3）−（2）
2013 年 1 月 1 日	1 800			
2013 年 12 月 31 日	1 378.415 2	78.415 2	500	421.584 8
2014 年 12 月 31 日	938.464 5	60.049 3	500	439.950 7
2014 年 12 月 31 日	479.347 8	40.883 3	500	459.116 7
2015 年 12 月 31 日	0	20.652 2	500	479.347 8
总额		200		1 800

（1）销售时：

借：长期应收款   20 000 000

    银行存款   3 400 000

    贷：主营业务收入   18 000 000

        应交税费——应交增值税——销项税额   3 400 000

        未实现融资收益   2 000 000

（2）结转销售成本时：

借：主营业务成本   12 000 000

  贷：库存商品   12 000 000

（3）2013 年 12 月 31 日收到货款时：

借：银行存款   5 000 000

  贷：长期应收款   5 000 000

借：未实现融资收益   784 152

  贷：财务费用   784 152

（4）2014 年 12 月 31 日收到货款时：

借：银行存款   5 000 000

  贷：长期应收款   5 000 000

借：未实现融资收益   600 493

  贷：财务费用   600 493

（5）2015 年 12 月 31 日收到货款时：

借：银行存款   5 000 000

  贷：长期应收款   5 000 000

借：未实现融资收益   408 833

  贷：财务费用   408 833

（6）2016 年 12 月 31 日收到货款时：

借：银行存款   5 000 000

  贷：长期应收款   5 000 000

借：未实现融资收益   206 522

  贷：财务费用   206 522

实训三答案：

（1）商品发出时：

借：应收账款   351 000

  贷：主营业务收入   300 000

    应交税费——应交增值税——销项税额   51 000

（2）结转销售成本：

借：主营业务成本   240 000

  贷：库存商品   240 000

（3）收到货款时：

借：银行存款   351 000

  贷：应收账款   351 000

实训四答案：

委托方的账务处理如下：

（1）发出商品时：

借：发出商品   180 000

　　贷：库存商品   180 000

（2）收到代销清单时：

借：应收账款   280 800

　　贷：主营业务收入   240 000

　　　　应交税费——应交增值税——销项税额   40 800

（3）结转销售成本：

借：主营业务成本   180 000

　　贷：发出商品   180 000

（4）计算应付的代销手续费用时：

借：销售费用   2 400

　　贷：应收账款   2 400

（5）收到货款时：

借：银行存款   278 400

　　贷：应收账款   278 400

受托方的账务处理如下：

（1）收到委托代销商品时：

借：受托代销商品   240 000

　　贷：受托代销商品款   240 000

（2）实际销售商品时：

借：银行存款   280 800

　　贷：应付账款   240 000

　　　　应交税费——应交增值税——销项税额   40 800

（3）结转销售成本：

借：受托代销商品款   240 000

　　贷：受托代销商品   240 000

（4）收到委托方开具的增值税专用发票时：

借：应交税费——应交增值税——进项税额   40 800

　　贷：应付账款   40 800

（5）支付应付账款并计算代销收入时：

借：应付账款   280 800

　　贷：银行存款   278 400

　　　　主营业务收入   2 400

实训五答案：

1. 第一笔退货业务相关会计分录

（1）调减上一年度的销售收入：

借：以前年度损益调整　　　　　　　　　　　　　　　　4 000

　　应交税费——应交增值税——销项税额　　　　　　　680

　　贷：银行存款　　　　　　　　　　　　　　　　　　　　　4 680

（2）调减上一年度的销售成本：

借：库存商品　　　　　　　　　　　　　　　　　　　2 800

　　贷：以前年度损益调整　　　　　　　　　　　　　　　　2 800

（3）调整上一年度的所得税费用：

借：应交税费——应交所得税　　　　　　　　　　　　300

　　贷：以前年度损益调整　　　　　　　　　　　　　　　　300

（4）将"以前年度损益调整"账户的余额进行结转：

借：利润分配　　　　　　　　　　　　　　　　　　　900

　　贷：以前年度损益调整　　　　　　　　　　　　　　　　900

2. 第二笔退货业务相关会计分录

（1）冲减当年销售收入时：

借：主营业务收入　　　　　　　　　　　　　　　　　7 800

　　应交税费——应交增值税——销项税额　　　　　　1 326

　　贷：银行存款　　　　　　　　　　　　　　　　　　　　9 126

（2）冲减当年商品的销售成本：

借：库存商品　　　　　　　　　　　　　　　　　　　6 000

　　贷：主营业务成本　　　　　　　　　　　　　　　　　　6 000

实训六答案：

（1）发生劳务支出时：

借：劳务成本　　　　　　　　　　　　　　　　　　　16 500

　　贷：应付职工薪酬　　　　　　　　　　　　　　　　　　16 000

　　　　库存现金　　　　　　　　　　　　　　　　　　　　500

（2）收到款项时：

借：银行存款　　　　　　　　　　　　　　　　　　　22 200

　　贷：主营业务收入　　　　　　　　　　　　　　　　　　20 000

　　　　应交税费——应交增值税——销项税额　　　　　　2 200

（3）结转劳务成本时：

借：主营业务成本　　　　　　　　　　　　　　　　　16 500

　　贷：劳务成本　　　　　　　　　　　　　　　　　　　　16 500

实训七答案：

（1）锅炉发出时：

借：发出商品   360 000

  贷：库存商品   360 000

（2）发生劳务支出时：

借：劳务成本   4 400

  贷：应付职工薪酬   4 000

    库存现金   400

（3）锅炉安装完成确认收入时：

借：银行存款   468 000

  贷：主营业务收入   400 000

    应交税费——应交增值税——销项税额   68 000

借：银行存款   6 660

  贷：主营业务收入   6 000

    应交税费——应交增值税——销项税额   660

（4）结转成本时：

借：主营业务成本   364 400

  贷：发出商品   360 000

    劳务成本   4 400

第十一章　所有者权益实训答案

实训一答案：

借：银行存款   294 000 000

  贷：股本   50 000 000

    资本公积   244 000 000

借：利润分配   98 000 000

  贷：股本   20 000 000

    资本公积   78 000 000

实训二答案：

借：银行存款   1 500 000

  原材料   2 000 000

  应交税费——应交增值税——进项税额   425 000

  贷：实收资本   3 925 000

借：固定资产	3 750 000
贷：实收资本	3 500 000
资本公积	250 000
借：无形资产	1 050 000
银行存款	1 450 000
贷：实收资本	2 500 000

实训三答案：

当年应缴纳企业所得税＝360×0.25＝90（万元）

借：所得税费用	900 000
贷：应交税费——应交企业所得税	900 000
借：本年利润	900 000
贷：所得税费用	900 000
借：本年利润	2 700 000
贷：利润分配——未分配利润	2 700 000
借：利润分配——提取盈余公积	342 000
贷：盈余公积	342 000
借：利润分配——应付股利	500 000
贷：应付股利	500 000
借：利润分配——未分配利润	842 000
贷：利润分配——提取盈余公积	342 000
利润分配——应付股利	500 000

第十二章　财务报告实训答案

①借：销售费用——差旅费	2 600
库存现金	400
贷：其他应收款——张三	3 000
②借：应收账款——广东 A 股份有限公司	1 053 000
贷：主营业务收入	900 000
应交税费——应交增值税——销项税额	153 000
③借：材料采购	101 000
应交税费——应交增值税——进项税额	17 000
贷：预付账款——上海三环	117 000
银行存款	1 000
借：原材料	105 000
贷：材料采购	101 000
材料成本差异	4 000

④借：材料采购 60 930
　　应交税费——应交增值税——进项税额 10 302.3
　　贷：预付账款——上海三环 70 200
　　　　银行存款 10 032.3
借：预付账款——上海三环 20 200
　　贷：银行存款 20 200
借：原材料 56 000
　　材料成本差异 4 930
　　贷：材料采购 60 930
⑤借：制造费用 600
　　贷：库存现金 600
⑥借：银行存款 456 000
　　贷：应收票据——广东甲公司 456 000
⑦借：生产成本 425 000
　　贷：原材料 425 000
⑧借：销售费用 3 000
　　　制造费用 4 500
　　贷：银行存款 7 500
⑨借：其他货币资金 200 000
　　　财务费用 50
　　贷：银行存款 200 050
⑩借：库存现金 5 850
　　贷：主营业务收入 5 000
　　　　应交税费——应交增值税——销项税额 850
⑪借：制造费用 470
　　贷：库存现金 470
⑫借：材料采购 150 000
　　　应交税费——应交增值税——进项税额 25 500
　　　银行存款 24 500
　　贷：其他货币资金 200 000
借：原材料 145 000
　　材料成本差异 5 000
　　贷：材料采购 150 000
⑬借：材料采购 23 400
　　贷：银行存款 23 400
借：原材料 24 000
　　贷：材料采购 23 400
　　　　材料成本差异 600

⑭借：固定资产　　　　　　　　　　　　　　　　100 000

　　应交税费——应交增值税——进项税额　　　　17 000

　　　贷：银行存款　　　　　　　　　　　　　　　　117 000

⑮借：制造费用　　　　　　　　　　　　　　　　42 000

　　生产成本　　　　　　　　　　　　　　　　223 000

　　管理费用　　　　　　　　　　　　　　　　30 000

　　销售费用　　　　　　　　　　　　　　　　5 000

　　　贷：应付职工薪酬　　　　　　　　　　　　　　300 000

⑯借：制造费用　　　　　　　　　　　　　　　　20 000

　　销售费用　　　　　　　　　　　　　　　　900

　　管理费用　　　　　　　　　　　　　　　　1 600

　　　贷：累计折旧　　　　　　　　　　　　　　　　22 500

⑰借：生产成本　　　　　　　　　　　　　　　　67 570

　　　贷：制造费用　　　　　　　　　　　　　　　　67 570

⑱

材料成本差异　　　　　　　　　　　　　　　　单位：元

期初差异额	本期差异额	差异合计	期初结存计划成本	本期计划成本	计划成本合计	差异率
6 000	5 330	11 330	1 100 000	330 000	1 430 000	0.007 9

借：生产成本　　　　　　　　　　　　　　　　3 357.5

　　贷：材料成本差异　　　　　　　　　　　　　　3 357.5

⑲借：库存商品　　　　　　　　　　　　　　　　718 927.5

　　　贷：生产成本　　　　　　　　　　　　　　　718 927.5

⑳计提的城市维护建设税 = 84 047.7×0.07 = 5 883.34（元）

计提的教育费附加 = 84 047.7×0.03 = 2 521.43（元）

借：税金及附加　　　　　　　　　　　　　　　8 404.77

　　贷：应交税费——应交城市维护建设税　　　　5 883.34

　　　　应交税费——应交教育费附加　　　　　2 521.43

㉑计提坏账准备金额 = 2 653 000×0.5%−8 000 = 5 265（元）

借：资产减值损失　　　　　　　　　　　　　　5 265

　　贷：坏账准备　　　　　　　　　　　　　　　5 265

㉒加权平均单位销售成本 = 5 050×（2 775 840+718 927.5）／（34 698+8 900）

　　　　　　　　= 5 050×80.158 9 = 404 802.45（元）

借：主营业务成本   404 802.45

  贷：库存商品   404 802.45

㉓借：本年利润   461 622.22

  贷：管理费用   31 600

    财务费用   50

    销售费用   11 500

    主营业务成本   404 802.45

    税金及附加   8 404.77

    资产减值损失   5 265

借：主营业务收入   905 000

  贷：本年利润   905 000

㉔本期计提所得税费用＝（443 374.55－13 160）×0.25＝107 553.64（元）

借：所得税费用   107 553.64

  贷：应交税费——应交所得税   107 553.64

借：本年利润   107 553.64

  贷：所得税费用   107 553.64

㉕借：本年利润   335 823.33

  贷：利润分配——未分配利润   335 823.33

㉖

12 月会计科目试算平衡表   单位：元

序号	会计科目	借方发生额	贷方发生额
1	销售费用	11 500	11 500
2	库存现金	6 250	1 070
3	其他应收款		3 000
4	应收账款	1 053 000	
5	主营业务收入	905 000	905 000
6	应交税费（增值税）	69 802.3	153 850
	应交税费（其他税）		115 959.22
7	材料采购	335 330	335 330
8	预付账款	20 200	187 200
9	材料成本差异	9 930	7 957.5
10	银行存款	480 500	370 150
11	原材料	330 000	425 000
12	制造费用	67 570	67 570
13	应收票据		456 000

表(续)

序号	会计科目	借方发生额	贷方发生额
14	生产成本	718 927.5	718 927.5
16	其他货币资金	200 000	200 000
17	财务费用	50	50
18	固定资产	100 000	
19	管理费用	31 600	31 600
20	应付职工薪酬		300 000
21	累计折旧		22 500
22	税金及附加	8 404.77	8 404.77
23	库存商品	718 927.5	404 802.45
24	资产减值损失	5 265	5 265
25	坏账准备		5 265
26	主营业务成本	404 802.45	404 802.45
27	本年利润	905 000	905 000
28	所得税费用	107 553.64	107 553.64
29	利润分配		335 820.91
37	合计	6 489 613.97	6 489 613.97

2016 年 12 月利润表

编制单位：广东燕塘公司　　　　　　2016 年 12 月　　　　　　　　　　单位：元

项目	行次	本月数	本年累计数
一、营业收入	1	905 000	5 059 000
减：营业成本	2	404 802.45	4 261 082.45
税金及附加	3	8 408	262 408
销售费用	4	11 500	11 500
管理费用	5	31 600	31 600
财务费用	6	50	50
资产减值损失	7	5 265	5 265
加：公允价值变动收益	8	0	0
投资收益	9	0	20 000
二、营业利润	10	443 374.55	507 094.55
加：营业外收入	11	0	39 600
减：营业外支出	12	0	16 480

表（续）

项目	行次	本月数	本年累计数
三、利润总额	13	443 377.78	530 217.78
减：所得税费用	14	107 554.45	107 554.45
四、净利润	15	335 823.33	335 823.33

㉘

资产负债表

编制单位：广东燕塘公司　　　　2016 年 12 月 31 日　　　　单位：元

科目名称	期初余额	期末余额	科目名称	期初余额	期末余额
货币资金	1 931 200	2 046 697.7	短期借款	1 200 000	1 200 000
交易性金融资产	30 000	30 000	应付票据	965 500	965 500
应收票据	856 000	400 000	应付账款	2 095 000	2 095 000
应收账款净额	1 592 000	2 639 735	其他应付款	2 000	2 000
预付账款	200 000	33 000	应付职工薪酬	560 000	860 000
其他应收款	5 600	2 600	应交税费	159 800	359 806.92
存货	4 402 340	4 623 437.55	应付利息	2 000	2 000
流动资产合计	9 017 140	9 775 470.25	其中一年内到期长期负债	150 000	650 000
固定资产净值	4 200 000	4 277 500	流动负债合计	5 134 300	6 134 306.92
在建工程	3 000 000	3 000 000	长期借款	2 000 000	1 500 000
无形资产	60 000	60 000	非流动负债合计	2 000 000	1 500 000
长期待摊费用	350 000	350 000	股本	9 300 000	9 300 000
非流动资产合计	7 610 000	7 687 500	盈余公积	206 000	206 000
			未分配利润	−13 160	322 663.33
			所有者权益合计	9 492 840	9 828 663.33
资产合计	16 627 140	17 462 970.25	负债及所有者权益合计	16 627 140	17 462 970.25